# Why를
## 소통하는 도구,
# OKR

성과를 개발하는 조직 문화 구축하기

# Why를 소통하는 도구,

장영학 · 유병은 지음

# OKR

Objectives and Key Results

플랜비디자인

# OKR은 조직 문화를 변화시키는 도구입니다

저는 전략 컨설턴트로 커리어를 시작했습니다. 컨설팅을 하다 보면 프로젝트마다 다른 회사를 돌아다니게 됩니다. 고객사 사무실에서 짧게는 두어 달, 길게는 1년 이상씩 일하다 보면 잠시나마 그 회사 직원이 된 것 같은 착각이 듭니다. 그렇게 몇 군데 고객사를 돌다 보니 회사마다 다른 분위기가 눈에 들어왔습니다. 책상 배치나 직원들의 복장 같은 사소한 것부터, 온갖 회의를 주관하는 임원들의 경영 스타일까지 저마다 조금씩 다른 게 피부로 느껴졌습니다. 제가 맡았던 프로젝트 주제는 주로 중장기 비전이나 사업 전략 같은 것이었지만, 자연스럽게 조직 문화나 리더십에 관심을 갖게됐습니다.

이후 대기업으로 이직하며 중국 주재원 생활을 하게 되었습니다. 백여 명 정도의 중국인을 채용해 프로젝트 수행을 훈련시키고, 2~3년 후에 다른 브랜드로 파견하는 파이프라인 부서장 역할이었습니다. 함께 일하다 보니 한국인과 중국인은 어떨 땐 비슷해 보이다가도 어느 순간엔 사고방식이 크게 다르다는 걸 알게 됐습니다. 직원 평가도, 조직 내부의 승진 결정도 제 몫이다 보니 이번엔 관찰자가 아닌 리더의 입장에서 조직 문화와 전반적인 HR 영역에 관심이 커졌습니다.

귀국 후에는 그동안 경험하고 느낀 것을 인터넷에 글로 쓰기 시작했습니다. 조직 문화와 리더십에 대한 글들이 반응을 얻으면서 기업을 대상으로 강의할 기회도 생겼습니다. 자율적인 조직 문화, 맥락을 공유하고 권한을 위임하는 조직 문화에 대해 이야기할 때마다 "바라는 문화가 무엇(what)인지는 알겠는데 그걸 어떻게(how) 만들어야 할까요?"라는 질문을 받았습니다. 그 문제를 고민하다 결국 조직 문화를 연구하는 회사를 창업하게 되었습니다.

이 책을 읽고 있는 여러분은 왜, 그리고 어떻게 OKR(Objectives and Key Results)에 관심을 갖게 되셨나요? 구글이나 실리콘밸리 유명 스타트업에서 많이 쓴다고 하니 궁금해지신 분이 아마 가장 많을 것 같고, 기존의 평가 제도가 시대 변화를 따라가지 못해 대안을 찾고 있는 분들도 있을 것입니다. 물론 회사에서 어느 날 갑자기 도입한다고 해서 강제로 익혀야 하는 분들도 계시겠죠.

저에게 있어 OKR은 조직 문화를 바꾸는 도구입니다. 회사는 사람들이 서로 협업하여 성과를 내야 하는 조직입니다. 조직 문화와 리더십은 결국 무엇(목표)을, 왜(목적), 어떻게(방법) 할 것인지를 소통하는 스타일입니다. 방향성에 대한 아무 설명도 못 들은 채로 위에서 할당되는 목표를 시키는 방법대로 해야 하는 회사가 있습니다. 멋진 사무실에 비싼 노트북을 사주고 냉장고를 간식으로 가득 채워도 일이 그렇게 돌아가는 회사가 좋은 조직 문화를 가지고 있다고 말하기는 어렵습니다.

OKR을 제대로 사용한다면 무엇을, 왜, 어떻게 할 것인지를 명료하게 소통할 수 있습니다. 공동의 목적을 향해 조직이 한 방향으로 정렬되고, 구성원들이 자율적으로 도전하며, 우선순위에 집중하게 만들 수 있습니다. 특히 저는 이 중에서도 일의 맥락을 제공한다는 측면을 가장 중요하게 생각하기 때문에 책 제목을 'Why를 소통하는 도구, OKR'이라고 정했습니다.

조직 문화를 바꾸는 유일한 방법이 OKR이라는 뜻은 아닙니다. 좋은 조직 문화를 갖추고 있어야만 OKR을 시도할 수 있다는 뜻도 아닙니다. 다만 여러분이 OKR 도입을 고려하고 있다면, 조직 문화도 같이 변화시킬 마음의 준비를 하셔야 한다고 미리 말씀드리고 싶습니다. OKR을 도입하고도 여전히 일방적으로 목표가 주어지고 시키는 대로만 일해야 한다면, 기존에 사용하던 목표 관리 방식을 'Objective'와 'Key Result' 칸에 맞춰 옮겨 적은 꼴밖에 안 될 겁니다. 이 상태로 시간이 흐르면 구성원들 사이에서 'OKR을 도입하고 바뀐 게 뭐냐', '더 귀찮게 됐다'는 불만이 나오고, 인사 담당자들은 '우리나라 문화엔 OKR이 안 맞는 것 같다'고 자조 섞인 푸념을 하게 되는 거죠. 여러분들이 어떤 의도로 이 책을 읽기 시작하셨는지 모르지만, 단순하게 '목표를 수립하는 새로운 방법'이나 '새로운 평가 방법론'으로 생각하지 마시고, OKR을 통해 조직이 소통하고 협업하는 방식이 어떻게 변할지 기대하는 마음으로 접근하시길 추천해 드립니다.

책의 전반부는 OKR 개념에 관한 내용으로 구성했습니다. 1장에서는 OKR을 도입하면 무엇이 좋아지는지, 기존의 성과 관리와 어떻게 달라지는지 간략하게 다뤘습니다. 2장부터는 본격적으로 OKR의 개념과 작성 방법이 시작됩니다. 3장에서는 흔히 잘 알려지지 않은 개념인 Initiative를 다루며, Key Result와 Initiative를 구분하면 어떤 장점이 있는지 살펴봅니다. 4장에서는 전사 차원의 OKR과 하위 부서들의 OKR을 서로 어떻게 연결시켜야 하는지, OKR의 정렬 방법을 알려드립니다. 여기까지 읽으시면 우리 회사와 팀의 OKR을 직접 만들어 보실 수 있습니다.

그런데 OKR을 만들고 나서도 이걸로 무엇을 해야 하는지 헤매는 분이 많습니다. 그래서 책의 후반부는 OKR 운영을 다룹니다. 5장에서는 분기 OKR을 어떻게 관리해야 하는지 설명합니다. OKR의 진척도는 어떻게 관리하는지, 주간 회의와 분기 리뷰는 어떻게 하면 좋을지 소개해 드립니다. 6장은 OKR에 꼭 따라붙어야 하는 CFR(Conversation, Feedback, Recognition)을 다룹니다. 구성원들과 원온원(1on1) 대화는 어떤 식으로 진행하고, 피드백과 칭찬은 어떻게 해 줘야 하는지 노하우를 공유해 드립니다. 앞서 OKR은 조직 문화를 변화시키는 도구라고 했습니다. 문화가 변하려면 꼭 OKR과 함께 CFR을 꾸준히 하셔야 합니다.

7장과 8장은 1장에서 언급했던 OKR과 기존 성과 관리와의 차이, OKR과 평가 제도의 관계, OKR을 도입하면 좋아지는 점에 대해 더 상세하게 다룹니다. 인사 담당자나 조직 관리자분들이 더 관심이 있을 심화 내용이지만, 다른 구성원분들도 읽어 보시면 OKR 도입 취지를 이해하시는 데 도움이 될 것입니다.

각 장 뒤에는 제가 강의나 컨설팅 중에 자주 받는 질문에 대한 답을 담았습니다. 또한 저와 함께 OKR을 도입했던 담당자 몇 분의 인터뷰도 실었습니다. OKR을 도입하게 된 계기와 도입 후 조직의 바뀐 점, 도입 후 고민되는 점 등 현업 실무자 입장에서의 생각을 가감 없이 전해드립니다. 마지막으로 책 본문 일부와 부록에 그동안 봐왔던 다양한 OKR의 실제 예시를 담았으니 참고하시면 OKR을 도입하는 데 큰 도움이 될 것입니다.

지면을 빌어 OKR이 아직 국내에 거의 알려지지 않았던 때부터 저와 같이 해외 자료를 찾아가며 연구한 유병은 님과, OKR 기반의 성과 관리 협업 툴 '얼라인업'을 함께 만들고 있는 팀원분들께 감사 인사를 전합니다. OKR 도입 과정을 함께할 기회를 주신 고객사 분들께도 감사드리고, 무엇보다 주말에도 글 쓴다고 책상에 앉아 있는 저를 이해해준 아내와 딸에게 감사합니다.

장영학

2021년 10월

경영의 최고 경지는 혁신도 전략도 아니고 평범한 직원들이 스스로 회사의 목적(Objective)에 맞는 자신의 목표(Key Results)를 세우고 주도적으로(Initiative) 행동하여 비범한 성과를 내게 하는 것이다. 이 과정에서 이루어지는 소통(Conversation)과 피드백(Feedback), 그리고 진심 어린 인정과 격려(Recognition)가 자양분이 될 때 일방적 관리는 상호적 협력이되고, 나아가 바람직한 조직 문화가 된다. 이런 좋은 도구와 저자의 진정성, 실제 적용하면서 찾은 실제적 노하우가 집약된 좋은 책과 시스템이나오게 되어 기쁘고 모쪼록 진정한 경영을 원하는 리더들에게 단비와 같은 해결책이 되리라 믿으며 강력 추천한다.

— 이랜드그룹 CSO 부사장 **최형욱**

유행처럼 번져가고 있는 OKR, 안타깝게도 성공보다 실패한 사례가 많은것이 현실이다. 이 책은 OKR의 진정한 의미와 적용 가능한 방법까지 가장 이해하기 쉽고 한국적으로 해석한 한국 OKR의 바이블이다.

— 메가스터디 인사팀장 **박호진**

OKR이 좋은 것까지는 알겠는데, 마음 속으로는 멀게만 느껴졌다. 머릿속에서 그려지지 않는 막막한 부분들이 많았다. 그런데 책을 읽고 나서 OKR이 한결 가깝게 느껴졌다. 이 책은 각 단계별로 어떻게 OKR을 수립해야 하는지 구체적으로 차근차근 알려준다. 책을 읽고나면 OKR을 수립하고 운영하는 여정에 관한 지도 하나를 얻게 될 것이다.

— KT&G 조직문화팀 **안성희**

OKR이란 콘셉트를 처음 접한 후 약 3년간은 적용 시도조차 하지 못했었다. 국내 실정과 회사들마다의 특수성으로 인해 적용 케이스도 부족했고 부작용의 우려도 많았기 때문이다. 하지만 장영학님의 OKR 콘셉트를 접하고, 그 지식과 솔루션을 전사에 적용하였다. 무엇보다 OKR 함의에 대해 충실했고, 적용을 가능하게 하는 다양한 방법론들을 제시하고 있었기 때문이다. 회사는 약 1년의 시간 동안 많은 변화가 있었다. 물론 부서장들의 의지와 업무 특성에 따라 효율 차이는 있지만, 성과와 인재 관리에 대한 이해와 주도적인 목표 달성 문화로의 변화가 생겼다. OKR 적용을 고민하고 있는 회사들이 실질적 도움을 얻을 수 있는 본 서적을 적극 추천한다.

— 스트롱홀드테크놀로지 대표 **우종욱**

그간 접해본 OKR 도서 중, 그 개념을 가장 쉽고 빠르게, 핵심적인 작동 기제를 한국의 일반적인 기업 내 상황에 빗대어 이해할 수 있었다. 특히 현업 실무자가 우리 조직의 상황에 대비하여 OKR 도입을 고려할 때 고민하게 되는, 조직 내 발생 가능한 논의점들을 미리 언급해 준 점이 많은 도움이 될 것 같다.

— 민병철교육그룹 경영지원팀 시니어 리드 유민

OKR은 새로운 개념이 아니다. 성과 관리의 본질적인 목적이 잘 이루어지도록 가이드해주는 나침반이다. 이 책은 단지 OKR 뿐만 아니라 궁극적인 성과 관리의 목적을 쉽게 설명하여 개인과 조직이 함께 Winning 할 수 있도록 도와준다. 항상 가까이 두고 꺼내 읽으면, 두려웠던 성과 관리가 함께 목적을 향해 달려가는 가슴 뛰는 여정임을 확인할 수 있을 것이다.

— 딜리버리히어로(요기요) 인재문화본부장 유재혁

최근 2~3년 사이, 스타트업의 성장과 함께 대두된 OKR. 그러나 본질에 동의하면서도 막상 현업에 적용하려면 모호하다는 비판도 만만치 않다. '그래서 어떻게 하라는 것인가'에 대한 사례와 방법론을 손에 잡히게 다룬 건 흔치 않은 상황. 이 책은 OKR의 '묵직한 Why'를 놓치지 않으면서 '가볍지 않은 구체적 How To'를 제공한다.

— 前) 고위드 HR Lead, LG이노텍 HR팀 이수연

목표나 성과 관리를 고민하는 경영자라면 OKR 도입을 고려할 것이다. 혜움도 OKR을 도입하는 과정에서 많은 시행착오 끝에 장영학 대표의 도움으로 OKR의 진정한 의미를 이해하게 되었다. 단순한 사실만 나열한 책만으로는 알 수 없는, 실질적이고 생생한 OKR 노하우를 알고 싶은 분이라면 적극 추천한다.

— 세무법인 혜움 대표 세무사 **이재희**

'Why OKR'이라는 첫 챕터 제목을 보는 순간, 익숙하지 않은 흐름이라 당황했다. 하지만 이내 '내가 원하는 건 이런 거였지'하는 속 시원함이 밀려왔다. 규모가 작은 스타트업에서 일하던 2018년, 국내에 OKR이 조금씩 알려지기 시작하던 때에 OKR을 도입하여 운영했고, 또 실패를 경험했다. 그 과정에서 OKR에 대한 여러 책을 읽었으나 단순 번역된 느낌에 공감되지 않는 답답함이 있었다. 하지만 이 책은 저자가 일했던 회사와 자문 중인 국내 사례를 바탕으로 썼기에 우리 정서에 맞아 쉽게 공감할 수 있었다. 'OKR은 도구일 뿐 바르게 활용해야만 궁극적으로 조직 문화의 긍정적인 변화라는 결과를 얻을 수 있다'는 점을 반복적으로 강조하는 것에도 크게 공감했다. OKR을 도입했거나 고민 중인 스타트업 대표 또는 HR 담당자라면 이 책의 일독을 권한다.

— SK주식회사 C&C 역량개발담당 **조재신**

회사가 커지고, 여러 사업이 동시다발적으로 진행되기 시작하면서 기존의 목표 관리 방식만으로는 한계를 느껴 OKR 도입을 고려하게 되었다. 하지만 인터넷 검색만으로 OKR을 시작하면 시행착오가 클 것 같았고, OKR 도입 취지를 구성원들이 어떻게 받아들일지도 고민이 되었다. 그러다 장영학 대표의 도움으로 회사에 OKR을 도입한 지 1년이 넘어가고 있다. 덕분에 현재는 각 조직별로 어떻게 바람직한 목표를 설정할지, 또 어떻게 조직별로 높은 몰입도의 조직 운영을 할지에 대해서 중요한 도구로서 OKR이 쓰이게 되었다. 드라마앤컴퍼니가 한 단계 더 높은 몰입도와 사업 확장의 단계로 나아가는 데 도움을 받았던 OKR 노하우가 그대로 담긴 이 책을 스타트업 대표들에게 추천한다.

— 드라마앤컴퍼니(리멤버) 대표 **최재호**

OKR, 개념은 쉽게 익힐 수 있었지만 적용하는 것은 결코 OK 하지 않았다. 장영학 대표를 통해 스냅스에 OKR이라는 목표 관리를 최초로 도입한 후, 6개월이 지난 지금도 스냅스만의 OKR 루틴을 완성하기 위해 고군분투하고 있다. 하지만 조직 내 긍정적 변화는 천천히, 그러나 확실하게 나타나고 있다. 생각으로만 가지고 있던 도전적 과제를 Objective로 세팅하는 것만으로도 동기 부여가 되는 직원들, 업무를 내가 해야 할 일을 넘어서 나의 성장을 위한 관점으로 바라보는 직원들, 1on1을 통해 그 전에는 몰랐던 팀원들의 진심을 듣게 된 리더들… 아직 갈 길은 멀지만, OKR을 포기하지 말아야 할 이유는 확실히 찾았다.

— 스냅스 인사팀 **황예슬**

# Contents

## 01. Why OKR

## 02. OKR은 어떻게 만드는 건가요?

## 03. OKR의 숨겨진 Tip, Initiative

# 06. OKR을 살리는 CFR

# 07. OKR과 KPI, OKR과 평가

# 08. OKR이 조직에 주는 가치

Objectives and Key Results

## 01

# Why OKR

OKR

# OKR을 도입하면
# 뭐가 좋은 건가요?

OKR. 이 책을 읽고 있는 분들이라면 이미 한 번쯤 들어 보셨을 단어일 겁니다. 하지만 불과 2018년까지만 해도 OKR은 실리콘밸리 조직 문화에 관심 있는 사람들이나 찾아볼 만한 키워드였습니다. 국내에 도입했다는 회사도 많지 않았고요. 그런데 2018년 말에 크리스티나 워드케(Christina Wodtke), 2019년 초에 존 도어(John Doerr)가 쓴 OKR 책이 번역되어 나오더니, OKR 스터디 모임이 생기고 HR 전문 잡지나 온라인상에 관련 글이 많아졌습니다. 그러다 2020년 들어 포털에서는 OKR 검색량도 확 오릅니다. 본격적으로 우리 회사에 도입해보려는 시도가 늘었기 때문입니다. 새로운 제도를 보통 연

초에 도입하는 점을 감안하면 앞으로 몇 년간은 해가 바뀔 때마다
이 그래프가 치솟는 현상이 반복될 것으로 생각됩니다.

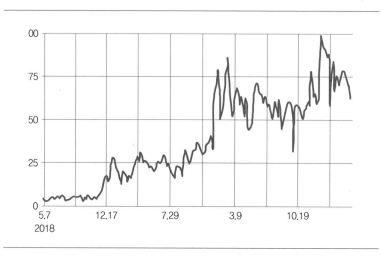

네이버 데이터랩 'OKR' 검색 결과

그렇다면 OKR의 정확한 개념은 무엇일까요? 알파벳 세 글자
이니 아마 KPI(Key Performance Indicator), BSC(Balanced Score Card),
MBO(Management By Objectives)처럼 뭔가의 약자이겠죠? 결론부터 말
씀드리면 OKR은 O(Objective)와 KR(Key Result)의 합성어입니다. 먼저
Objective는 조직이 도달하고자 하는 '목적지'를 의미합니다. 즉, 회
사가 되고자 하는 모습이나 고객에게 주고자 하는 가치를 나타냅니

다. 그래서 구성원에게 영감을 주고 동기 부여 할 수 있는 정성적인 문장 형태를 띠어야 합니다. 예를 들어, 저희 팀의 연간 Objective는 아래와 같습니다.

---

Objective: 조직 문화를 변화시키는 HR-tech 스타트업으로 발돋움한다.

---

이 문장을 보면서 우리 팀은 동기 부여가 되죠. 하지만 이 문장만 본다면 몇 가지 의문이 생길 수 있습니다.

- 'HR-tech 스타트업으로 발돋움한다'는 게 대체 어떤 뜻인가?
- 목적지에 얼마나 가까워졌는지 어떻게 아는가?

이렇게 Objective가 정성적인 문장이라서 발생하는 문제점을 보완하기 위해 Key Result를 둡니다. 즉, Key Result는 Objective에 얼마나 가까워졌는지를 측정하는 기준입니다. 가령 'A, B, C가 달성되면 Objective를 달성한 것으로 하자'고 팀이 합의하는 것이죠. 다시 저희 팀의 예로 돌아와, 조직 문화를 변화시키는 HR-tech 스타트업으로 발돋움했는지에 대한 기준으로 아래와 같은 Key Result를 생각해볼 수 있습니다.

Key Result 1: 얼라인업 유료 고객사가 500개 이상 된다
Key Result 2: OKR과 조직 문화 워크숍 수강생이 2,000명 이상 된다
Key Result 3: 벤처 캐피털로부터 20억 원 이상 투자를 유치한다

Objective와 Key Result, 여기까지 보면 OKR이 참 단순해 보입니다. 그런데 이 간단한 OKR이 최근 주목받는 이유가 무엇일까요? OKR을 도입하면 대체 뭐가 좋은 걸까요? 제가 OKR을 추천하는 이유, 'Why OKR'을 크게 네 가지로 이야기해 보겠습니다.

우선 OKR은 도전을 유도합니다. OKR에서 Objective는 조직이 도달하고자 하는 목적지라고 했습니다. 목적지와 현재 위치엔 당연히 갭(Gap)이 있죠. 목적지에 가려면 지금 하던 일을 그대로 반복해서는 안 됩니다. 새로운 시도, 도전과 혁신이 있어야 현재 머무른 위치에서 나아갈 수 있습니다. 그래서 OKR은 도전적인 목표 수립을 강조합니다. 한편으로는 그걸 100% 달성하지 못했다고 해서, 새로운 시도가 생각대로 안 됐다고 해서 비판하지 않는 것도 중요합니다. 그걸 손가락질하기 시작하면 모두가 쉬운 목표만 세우려 하고, 새로운 시도는 안 할 테니까요.

두 번째, OKR은 조직을 한 방향으로 정렬합니다. OKR은 궁극적으로 조직의 미션을 바라봅니다. 미션은 우리 회사가 존재하는 이유, 다시 말해 방향성을 나타내는 북극성 같은 존재입니다. 미션을

향해 나아가면서 '3년 후에는 이런 모습이 되고 싶다', '5년 후에는 이런 모습이 되고 싶다'고 목표 삼는 게 중장기 비전입니다. '올해는 이런 모습이 되자'같은 것이 연간 Objective인 동시에 흔히 말하는 경영 계획이라면, '회사가 올해 목적지에 도달할 수 있도록 각 조직은 분기마다 어떻게 기여해야 할까', 이것이 보통 여러분들이 OKR 이라고 알고 있는 조직별 분기 OKR입니다. 잘 정렬된 OKR은 각 조직이 나아가는 방향이 회사가 가고자 하는 방향과 일치하도록, 각 분기에 하는 일이 연간 목표에 기여하도록 만들어줍니다.

세 번째, OKR은 자율적인 조직을 만듭니다. Objective는 추구하는 목적, Key Result는 거기에 얼마나 가까워졌는지를 측정하는 지표입니다. OKR은 '네 목표는 이것이야' 하고 위에서 던져주는 게 아니라, '회사 OKR은 이것인데, 여기에 너희 팀은 어떻게 기여할 거야?' 하고 묻는 겁니다. 상위 조직의 OKR을 먼저 보고 정하다 보니 Top-down 성격도 있지만, 어떻게 기여할지 스스로 고민하는 Bottom-up 측면을 더 강조하고 싶습니다. 그리고 나중에 설명해드리겠지만 Initiative라는 개념이 있습니다. 'Objective와 Key Result를 달성하기 위해 무엇을 할 것인가' 즉, 행동이 Initiative입니다. O와 KR이 합의되었으면, Initiative는 담당자에게 자율권이 있습니다. 목적지에 도달할 방법을 스스로 찾는 것이죠.

마지막으로 OKR은 우선순위에 집중하게 도와줍니다. 매일 출근하면 할 일을 끝내기 바쁘죠? 그런데 To-do 리스트만 쳐다보면서 일하면 조직의 우선순위를 놓칠 수 있습니다. OKR은 내가 해야 할 일을 다 적어 놓는 양식이 아닙니다. 공동의 목적을 소통하는 도구이고, 조직의 우선순위를 나타내는 도구입니다. 할 일을 분류할 때 중요도와 시급함, 두 가지를 고려해야 한다는 말 들어 보셨을 겁니다. 당연히 중요하면서 시급한 일을 먼저 해야 하죠. 그런데 그다음 순서로 시급하지만 중요하지 않은 일을 하다 보면, 정작 중요하면서 시급하지 않은 일들이 영영 뒤로 밀릴 수 있습니다. 여기서 중요함의 기준이 무엇일까요? 바로 OKR입니다. 조직이 목적지에 도달하는 데 도움이 되는 일인가, 아니면 루틴하게 반복하는 일인가, OKR을 살펴보면 무엇에 더 시간을 할애해야 하는지 알 수 있습니다.

정리해보면, OKR은 조직이 한 방향을 바라보게 하고, 목적지에 도달할 수 있게 도와주며, 구성원 입장에서는 일의 의미를 발견하고, 자율적으로 일하게 해주는 도구입니다. 그래서 OKR을 제대로 활용하면 조직의 몰입도가 올라가게 되어있습니다. 그리고 OKR을 통해 구성원들의 잡 크래프팅(Job crafting)도 유도할 수 있습니다. OKR은 단순한 성과 관리 방법론이 아닙니다. 조직의 일하는 방식을 바꾸는 도구, 조직 문화를 변화시키는 도구입니다.

# 성과 관리
# VS 성과 개발

OKR은 다른 성과 관리 방법론과 어떤 차이가 있을까요? 답하기 전에, 우선 다음 질문에 대해 한번 생각해 보시기 바랍니다.

- 성과 관리는 왜 하는 걸까요?
- 그렇다면 어떻게 하는 것이 좋은 성과 관리일까요?

초기 스타트업을 제외하면 거의 모든 회사가 어떤 형태로든 성과 관리를 합니다. 직장인 모두 성과 관리를 당하고(?) 있지만, 왜 성과 관리를 하는지 깊게 고민해 보신 분은 많지 않으실 겁니다. 실제 위크숍에서 이 질문을 해보면, 많은 분들이 직원 입장에서 '평가를 위해 성과 관리를 하는 것 아니냐'라고 답합니다.

우선 성과 관리(Performance Management)가 무슨 뜻인지부터 한번 살펴봅시다. 인터넷에 검색해보면 여러 가지 정의가 나오지만, UC 버클리 피플&컬처 홈페이지*에 있는 제가 가장 좋아하는 정의를 가져와 봤습니다.

---

Performance management is an ongoing process of communication between a supervisor and an employee that occurs throughout the year, in support of accomplishing the strategic objectives of the organization. The communication process includes clarifying expectations, setting objectives, identifying goals, providing feedback, and reviewing results.

---

성과 관리의 정의

이 정의를 보면, 성과 관리에 대해 몇 가지 중요한 인사이트를 발견할 수 있습니다.

- 좋은 성과 관리에서는 관리자와 직원 간의 소통이 일 년 내내 지속적으로 이루어집니다.

---

* Berkeley People&Culture, Performance Management: Concepts & Definitions ⓒhr.berkeley. edu

- 좋은 성과 관리는 조직의 전략적 목표를 달성하기 위해 필요합니다.
- 관리자와 직원 간에는 기대를 명확히 표현하고, 목적(Objective)과 목표(Goal)를 설정하며, 피드백을 제공하고, 성과를 검토하는 대화를 나눠야 합니다.

어떤 성과 관리가 좋은 것인지 물었을 때 지속적인 대화, 피드백을 언급하는 분들은 거의 없지만, 성과 관리의 정의에서는 그 부분이 굉장히 중요하게 언급됩니다. 반면에 흔히 떠올리는 '평가', '성과급', '승진' 같은 단어는 등장하지 않습니다. 그만큼 우리가 성과 관리에 대해 왜곡된 인식을 가지고 있는 것이죠. 어쩌면 직장 생활에서 '좋은 성과 관리'를 받아 본 경험이 그리 많지 않아서 그럴지도 모르겠습니다.

최초의 성과 관리라 하면 많은 학자들이 프레드릭 테일러(Frederick Winslow Taylor)의 '과학적 관리법'을 꼽습니다. 1900년대 초반 공장에서 일하는 노동자들의 생산성, 효율성을 높이기 위해 다양한 연구를 했죠. 생산성을 높이려면 우선 성과를 측정해야 합니다. 조건을 다양하게 바꿔가면서 성과가 어떻게 달라지는지 실험하고, 가장 효율성이 높은 방법을 매뉴얼화했습니다. 삽으로 광석을 퍼 나르는 제철소 노동자를 보면서 한 삽에 어느 정도 무게를 퍼야 할 것인지, 삽을 꽂아 넣는 각도와 삽으로 뜬 물체를 던지는 속도까지 최적화한 적도 있습니다.

이걸 대규모로 확장한 게 헨리 포드(Henry Ford)의 컨베이어 벨트입니다. 컨베이어 벨트에서는 분업이 강조됩니다. 각자 맡은 업무가 따로 있고, 반복 숙달을 통해 효율성이 높아집니다. 이 시대는 수요가 공급을 훨씬 초과하는 시대였습니다. 만들기만 하면 팔려 나갔기 때문에, 얼마나 빨리, 많이 만드는지가 중요했죠. 같은 작업을 반복하고, 아웃풋의 양이 명확한 육체노동자가 압도적으로 많았습니다.

그래서 프로세스, 매뉴얼은 굉장히 중요했습니다. 프로세스와 다르게 일을 한다는 건 생산성이 떨어진다는 뜻이니까요. 또한 한 사람의 아웃풋이 다음 사람의 인풋이 되기 때문에, 정해진 방식에서 벗어나 일을 하면 내 다음 사람이 일을 못 할 수도 있습니다. 이 시대의 관리자는 의도한 아웃풋을 뽑아내고, 사람들이 프로세스대로 일하는지 감시하는 것이 주 역할이었습니다.

그런데 헨리 포드가 이런 말을 했다고 합니다.

---

Why is it every time I ask for a pair of hands, they come with a brain attached?[*]

---

기업 입장에서는 시키는 대로 일해줄 '손'이 필요한데, 왜 '머리'

---

[*] 온라인상에 해당 글이 많이 떠돌아 다니는데, 헨리 포드가 한 말을 모아놓은 공식 홈페이지(www.thehenryford.org)에는 나오지 않아 출처가 불분명하다.

까지 따라오냐는 불평이죠. 사실 포드 입장에서는 노동자 대신 기계가 모든 걸 해 주길 바랐을 겁니다. 단순 반복 업무는 사람이 기계를 따라갈 수 없습니다. 지치지 않고, 다치지도 않으며, 새로운 방법을 시도하지도 않죠. 하지만 그 당시 기계가 해줄 수 있는 작업이 한정되다 보니 사람을 고용할 수밖에 없었는데, 아무 생각하지 말고 시킨 일만 제대로 해 주길 바라는 게 작업 현장의 모습이었습니다. 또 그렇게 해서 생산성이 높아지면 직원들에게 성과급을 주는 것이 주된 동기 부여 방법이었습니다.

그러다 1950년대 들어서 피터 드러커(Peter Ferdinand Drucker)가 '지식 근로자'라는 개념을 제시합니다. 지식 근로자는 육체 노동자와 달리 단순한 작업을 생각 없이 반복하지 않습니다. 지식 근로자는 생산성, 효율성보다 어떤 '공헌'을 하는지가 중요합니다. 이러한 지식 근로자를 관리하기 위해 MBO(Management by Objectives)라는 개념이 나옵니다. MBO는 '목표에 의한 관리'를 의미합니다. 경영자와 구성원이 조직의 미션과 연결되는 구체적인 조직의 목표를 설정하고 합의하는 관리 방식이죠. 여기서 좋은 목표는 어떤 것일지 설명하기 위해 'SMART' 개념이 등장합니다. SMART는 다음 단어들의 약자입니다.*

---

\* 1981년 처음으로 SMART 기준을 제시한 조지 도란(George T. Doran)은 Specific, Measurable, Assignable(책임자 명시), Realistic(현실적인), Time-related(기한이 명확한)로 정의했으나 이후 다양한 버전이 등장했다. 현재는 본문에 있는 정의가 가장 자주 쓰인다. ⓒWikipedia

- Specific: 구체적인

- Measurable: 측정 가능한

- Achievable: 달성 가능한

- Relevant: 연관성 있는

- Time-bound: 기한이 명확한

MBO가 성과 관리 도구이자 평가 기준이 되면서 KPI(Key Performance Indicator)라는 개념이 등장했고, 우리나라도 대부분 회사들이 KPI의 목표 달성도와 가중치를 기준으로 성과 평가를 하고 있습니다. 그리고 KPI를 세울 때 재무, 고객, 프로세스, 학습 관점이 다양하게 반영되어야 한다고 해서 BSC(Balanced Score Card)라는 개념도 널리 알려지게 되었습니다. 결국 직장생활 하시면서 한 번쯤 들어 보셨을 이모든 키워드는 결국, MBO라는 철학을 어떻게 더 잘 실현할 수 있을 것인가에서 파생된 것들입니다.

그런데 피터 드러커가 『경영의 실제(The Practice of Management)』에서 이야기할 때만 해도 MBO의 원래 취지는 '목표와 자기 통제에 의한 경영(Management by Objectives and Self-control)'이었습니다. 즉, 산업혁명 이후 육체 노동자처럼 일방적으로 관리를 당하는 것이 아니라, 자율에 기반한 자기 관리가 중요해진 것이죠. 상사와 부하가 계획을 같이 세우고(Jointly Plan), 합의된 목표에 따라 자율적으로 행동하며(Individually Act), 관리도 함께하는 것(Jointly Control)이 바람직한

MBO 프로세스라 할 수 있습니다.

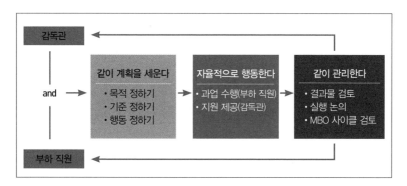

MBO 프로세스

그런데 회사에서 이런 성과 관리를 경험한 분들은 많지 않으실 겁니다. 대부분 여전히 일방적 관리를 당하고 있죠. 목표와 자기 통제에 기반한 경영에서 자기 통제는 사라져 버리고, 목표도 회사의 미션이나 비전과 연결이 끊긴 채 숫자로만 소통하고 있습니다. 그러다 보니 자신이 맡은 일이 어떤 의미가 있는지, 고객에게 어떤 가치를 주는 것인지 잊은 채 주어진 지표 숫자만 달성하기 위해 꼼수를 부리는 일이 비일비재합니다. 이걸 '코브라 효과(Cobra effect)'라고도 합니다.

인도가 영국 식민지이던 시절에 벌어진 일입니다. 델리 길거리에 코브라가 너무 많아서, 영국 정부가 코브라 시체에 포상금을 겁니다. 돈을 받기 위해 사람들이 길거리의 코브라를 잡을 것이라 생각한 것이죠. 그래서 코브라가 줄었을까요? 줄었다면 아마 제가 이 사례를 안 들었을 겁니다. 실제로는 코브라가 늘었습니다. 사람들이 포상금을 받으려고 코브라 농장을 만들었기 때문입니다. 기르던 코브라를 잡아서 갖다 줬으니 길거리의 코브라는 줄지 않았고, 이 사실을 안 영국 정부가 코브라를 잡아도 더 이상 돈을 주지 않겠다고 선언했습니다. 여기서 끝났다면 그나마 코브라가 늘지는 않았을 텐데, 코브라 농장으로 돈을 벌 수 없게 된 사람들이 기르던 코브라를 길거리에 풀었습니다. 그래서 상황이 오히려 악화된 것이죠.

'와, 어떻게 사람들이 저렇게 행동하지?' 싶겠지만, 저도 직장 생활을 하면서 자기만의 코브라 농장을 가지고 있는 사람들을 여럿 보았습니다. 이 사례에서 목적은 길거리의 코브라를 줄이는 것이고, 지표는 코브라 시체입니다. 이 두 가지는 연관성은 있지만 완전히 일치하지는 않습니다. 어떻게 설계하는지에 따라 악용할 여지가 있습니다. 원래 목적이 무엇이었는지 까맣게 잊고, 월말, 분기말, 연말에 지표를 예쁘게 보이려 장난질 하는 것도 같은 맥락입니다. 회사 이미지에 해가 되든, 심지어 고객에게 해를 끼치든 상관없이 말입니다. 이따금 한 번씩 뉴스에 나오는 물량을 강제로 밀어내거나, 판매 목표를 달성 못하면 자기 돈으로라도 채우게 하는 이른바 '갑질' 사례도 결국 일종의 코브라 효과가 아닐까요?

상황이 이렇다 보니 많은 기업이 이미 숫자로 줄세워 상대 평가하는 방식 즉, Stack Ranking을 포기했습니다. 대표적인 곳이 마이크로소프트입니다. 지금은 사티아 나델라(Satya Narayana Nadella)의 지휘 하에 클라우드 사업을 키워 나가며 다시 강세를 보이고 있지만, 스티브 발머(Steven Anthony Ballmer) 시절의 마이크로소프트는 한물간 취급을 받던 암흑기였죠. Stack Ranking이 어떻게 마이크로소프트의 매력을 망쳤는지 비판하는 기사[*]가 2012년에 나왔고, 마이크로소프트는 2013년에 Stack Ranking을 포기합니다. 그 외에도 성과 관리의 글로벌 베스트 프랙티스(Best Practice)로 여겨지던 GE를 비롯해 어도비, 딜로이트 등이 Stack Ranking을 포기한 대표적인 회사들입니다.

이런 회사들이 상대 평가 대신 추구하는 방식이 상시 피드백입니다. 일 년에 한 번 몰아서 KPI 점수를 상대 평가해 등급을 통보하는 게 아니라, 성과를 내는 과정을 더 잘 도울 수 있도록 평소에 자주 피드백하는 것을 강조하죠. 요즘은 성과 관리 대신 성과 개발(Performance Development)이라는 표현도 쓰고 있습니다. 조금 과장되게 표현하자면, 성과 관리는 연초에 목표를 던져주고 '연말이 되면 이걸로 평가할 거야, 그러니 알아서 잘해' 하는 느낌입니다. 구성원들은 한 해를 시작하면서 인사 시스템에 접속해 할당된 목표를 입력하고, 한참 잊고 지내다 여름 휴가 갈 때쯤 상사와 중간 피드백하라는 공지를 받고 시스템에 접속합니다. 다시 또 잊고 지내다 연말

---

* Kurt Eichenwald, 〈MICROSOFT'S LOST DECADE〉, 《Vanity Fair》, 2012.7.24.

이 되면 자기 평가를 입력하고 결과를 기다리죠. 이렇게 연중에 성과를 내는 과정은 거의 방치되다시피 하다가, 연말이 되면 인사팀은 갑자기 바빠집니다. 날짜에 맞춰 자기 평가, 1차 평가, 2차 평가를 독촉하고 상대 평가 등급별 비율을 맞추느라 정신이 없기 때문입니다. 하지만 이때 이미 조직의 성과는 결론이 난 후입니다. 성과의 크기가 정해진 상태에서 논공행상(論功行賞)을 벌이는 거죠.

이렇게 평가에 공을 들이는 성과 관리와 다르게, 성과 개발은 성과가 실제 발생하는 과정에 초점을 맞춥니다. 목표도 물론 중요하지만 리더와 팀원 간, 또는 동료 간 어떤 코치와 피드백이 오가야 조직의 성과 자체를 키울 수 있을지 고민합니다. 연말이 되어서야 평가에 열을 올리는 게 아니라, 연중 상시 대화에 더 초점을 맞추는 것이 성과 개발이라 볼 수 있습니다.

OKR의 개념은 인텔 창업자 앤드류 그로브(Andrew S. Grove)가 처음 제시했습니다. 1983년에 쓴 『하이 아웃풋 매니지먼트(High Output Management)』을 보면 그는 Objective와 Key Result 개념은 가지고 있었지만, 이걸 OKR 대신 iMBO(Intel Management by Objectives)라고 불렀습니다. 이후 인텔에 다니던 존 도어(John Doerr)가 클라이너 퍼킨스(Kleiner Perkins)라는 벤처 캐피털로 이직하고, 1999년 클라이너 퍼킨스가 투자한 스타트업이었던 구글에 인텔의 성과 관리 방법을 알려주면서 'OKR'이라는 이름이 붙습니다. 그 당시 구글은 40명 밖에 되지 않았지만 이후 구글이 폭발적으로 성장하면서 트위터, 스포

티파이, 링크드인, 에어비앤비 등 다양한 실리콘밸리 스타트업에서 OKR을 받아들였습니다.

편의상 여러분들이 더 익숙하신 성과 관리라는 단어를 쓰고 있지만, 저는 OKR을 성과 개발의 관점에서 바라보고 있습니다. 공동의 목적을 제시하고, 이를 향해 도전하는 과정에서 서로 협업하며, 리더가 적절한 코치와 피드백을 제공하는 것이 '제대로 돌아가는' OKR의 모습입니다. 처음에 언급했던 좋은 성과 관리에 대한 인사이트를 다시 보여드리겠습니다.

- 좋은 성과 관리에서는 관리자와 직원 간의 소통이 일 년 내내 지속적으로 이루어집니다.
- 좋은 성과 관리는 조직의 전략적 목표를 달성하기 위해 필요합니다.
- 관리자와 직원 간에는 기대를 명확히 표현하고, 목적(Objective)과 목표(Goal)를 설정하며, 피드백을 제공하고, 성과를 검토하는 대화를 나눠야 합니다.

OKR은 MBO의 원래 취지인 '목표와 자기통제에 기반한 경영', 'Jointly Plan', 'Individually Act', 'Jointly Control'을 다시 살리기 위한 방법론입니다. 또한 조직의 전략적 목표를 소통하고, 관리자와 직원 간의 소통과 피드백, 성과 검토를 자극하는 도구이기도 합니다. 그럼 제대로 돌아가는 OKR은 어떻게 만들 수 있을까요?

Objectives and Key Results

# OKR은 어떻게 만드는 건가요?

# 조직을 정렬하고
# 구성원을 동기 부여하는
# Objective

이 책에서 저는 Objective를 계속 영어 단어 그대로 쓰고 있습니다. 그런데 굳이 한국어로 번역한다면 뭐라고 해야 할까요? 흔히 우리가 혼동해서 사용하는 단어 중에 '목적'과 '목표'가 있습니다. 이 둘은 의미가 다릅니다. 피터 드러커의 MBO를 다룬 책들을 보면 Objective를 보통 '목표'로 번역합니다. 그런데 '목표'는 Objective보다 Goal에 가깝습니다. 표준국어대사전은 '목표'를 다음과 같이 정의합니다.

1. 어떤 목적을 이루려고 지향하는 실제적 대상으로 삼음. 또는 그 대상.

2. 도달해야 할 곳을 목적으로 삼음. 또는 목적으로 삼아 도달해야 할 곳.

3. 행동을 취하여 이루려는 최후의 대상.


첫 번째 정의를 보면, 어떤 '목적'을 이루고 싶어서 지향하는 실제적 대상이 '목표'라고 설명하고 있습니다. 좀 더 직관적으로 정리하자면 다음과 같습니다.

---

목표(Goal): 달성하고 싶은 실제적 대상.

목적(Purpose): 목표를 달성하고 싶은(또는 달성해야 하는) 이유.

---

이 둘의 차이가 왜 중요할까요? 다음 예시를 한번 생각해 봅시다.


| 목표 | 변호사가 된다. | 외과 의사가 된다. | 국회의원이 된다. |
|------|--------------|----------------|----------------|
| 목적 | 억울하게 누명 쓰는 사람들을 돕는다. | 크게 다친 사람들의 생명을 살린다. | 불합리한 처우를 받는 장애인들의 삶을 제도적으로 돕는다. |


어릴 적부터 '장래 희망이 뭐니?'라는 질문을 많이 듣습니다. 이 질문은 보통 대통령, 경찰관, 아이돌, 유튜버 등 '어떤 직업을 갖고 싶니?'라는 의미로 해석되죠. 다시 말해 직업은 목표입니다. 내가 변호사가 되어야 하는 이유, 의사가 되어야 하는 이유는 보통 잘 묻지 않습니다. 이렇듯 목적을 모른 채 목표만 추구하게 되면 나중에 부

작용이 생깁니다. 돈을 많이 버는 것만이 목적인 의사, 권력을 얻는 것이 목적인 국회의원이 되는 거죠. 목적은 결국 사명(Mission)하고 연결될 수밖에 없습니다.

회사도 마찬가지입니다. 모든 회사가 매출이든 이익이든 목표를 세우고 관리합니다. 그런데 모든 회사가 목적을 위해 움직이는 것은 아닙니다. 돈을 버는 것이 목표이지만, 직원들 월급 주는 것 외에 왜 돈을 벌려고 하는지, 누구에게 어떤 가치를 줘야 하는지 잊어버린 회사가 많습니다. 회사가 존재하는 목적을 잃은 상태인데, 이런 회사에서 직원들이 동기 부여되길 바라는 것은 무리가 아닐까요? OKR에서는 Objective가 목적을 의미하고 Key Result가 목표를 나타냅니다. 그래서 Objective는 Key Result를 달성해야 하는 이유가 되며, Key Result는 Objective를 향해 가고 있다는 증거가 됩니다.

런던 비즈니스 스쿨 교수이자 경영학 구루(Guru)*인 게리 해멀(Gary Hamel)은 『경영의 미래(The Future of Management)』에서 인간의 능력을 여섯 단계로 구분합니다. 가장 낮은 단계는 복종으로, 지시에 따르고 규칙에 맞게 행동하는 능력입니다. 다음은 근면함으로 책임감이 높고 양심적이며 체계적으로 일하는 능력입니다. 세 번째 단계는 지식과 지성입니다. 그 위 네 번째 단계에 추진력이 있습니다. 추진력을 지닌 사람은 남에게 요청을 받거나 명령받을 필요가 없습

---

* 산스크리트어로 스승을 의미한다.

니다. 다섯 번째 단계에는 창의성이 있고, 마지막 최정상 여섯 번째 단계에는 열정이 있습니다.

게리 해멀은 하위 세 단계인 복종, 근면함, 지식과 지성은 보편화되어 있다고 이야기합니다. 회사가 거의 공짜로 살(Buy) 수 있고 직원들에게 요구할 수 있으며, 관리·감독하며 이끌어 낼 수 있는 능력입니다. 이 세 단계의 능력만으로 다른 회사와 차별화하는 것은 불가능합니다. 그는 다음과 같이 표현합니다.

> "창조 경제의 시대에서 경제적 우위를 차지하고자 한다면 단순히 순종적이고 세심하며 눈치가 빠른 근로자보다는 상위 능력을 가진 근로자가 필요하다는 것이다."

반면에 상위 세 단계는 직원이 회사에 매 순간 줄까 말까 고민하는 선물에 비유할 수 있습니다. 그렇다면 직원들로부터 이 선물을 이끌어 내기 위해서는 어떻게 해야 할까요? 게리 해멀이 제시하는 비결은 우리 모두가 여기서 일하게 하는 목적이 무엇인지 질문을 던지는 것입니다. 기꺼이 일하고 싶은 마음이 들 만한 이유 즉, OKR 측면에서 말하자면 구성원들을 동기 부여하는 Objective가 사람들의 잠재력을 이끌어 냅니다.

제가 굳이 사전 정의까지 찾아가며 이 부분을 설명하는 이유가 있습니다. OKR을 작성할 때 Key Result에 써야 할 내용을 Objective

자리에 쓰는 경우를 많이 봐왔기 때문입니다. 회사에서 우리는 '목표'에 대해서만 이야기하지 '목적'은 잊고 사는 경우가 대부분입니다. '혼나지 않기 위해', '평가를 잘 받기 위해', '그냥 직장인이니까 당연히' 목표를 달성해야 한다는 생각만 하고, 그 일이 어떤 의미가 있는 건지 깊이 생각하지 않습니다. 저도 직장생활 하는 동안 연말마다 경영 계획서를 숱하게 썼지만, 매출이나 비용, 영업이익 같은 숫자 목표를 주로 세웠습니다. '당신 팀의 Objective, 목적은 무엇입니까?'에 대한 답을 문장으로 쓰라고 하면 당황해서 뭘 써야 할지 모르고, 다른 목표들을 아우르는 더 큰 목표를 쓰는 자리 정도로 여기는 게 어쩌면 당연합니다.

Objective를 조직이 지향하는 목적지로 볼 수도 있습니다.

"지금 우리 조직이 여기 있는데, 저기로 가고 싶다."

여기서 '저기'를 뜻하는 게 바로 Objective입니다. 그래서 OKR을 지도나 내비게이션에 비유하기도 합니다. 조직의 방향성을 OKR이 알려주니까요. 궁극적인 Objective는 조직의 미션입니다. 미션은 마치 북극성과 같아서 방향을 알려주고 조직이 해야 할 것과 하지 말아야 할 것의 기준은 되지만 정해진 기간 제한은 없습니다. 현대자동차 홈페이지에 보면 "창의적 사고와 끝없는 도전을 통해 새로운 미래를 창조함으로써 인류 사회의 꿈을 실현한다"라는 문장이 잇습니다. 이건 회사의 존재 이유와 지향점을 나타내지만 10년이든 20년이든 '달성했다'고 말할 수 있는 개념은 아니죠.

반면에 비전부터는 시간 개념이 있습니다. 미션을 향해 가면서 5년 후'에는, '10년 후'에는 '이런 모습이 되고 싶다 정의한 것이 비전입니다. 그래서 기업에서 보통 '중장기 비전' 또는 'VISION 2025' 같은 표현을 쓰죠. 쉽게 말해 비전은 중장기 Objective라 볼 수 있습니다. 그리고 미션과 비전을 이루기 위해 '올해는 어디까지 가고 싶다', '그러기 위해선 이번 분기에 어디까지 가고 싶다' 등의 중간 기착지를 나타내는 것이 OKR입니다.

Objective를 처음 작성할 때 가장 많이 하는 실수는 크게 두 가지

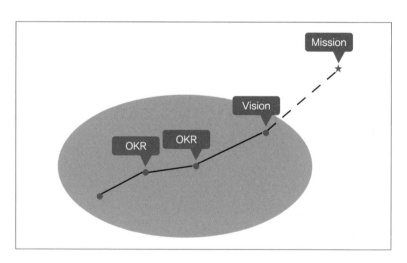

OKR의 개념

입니다. 첫 번째는 숫자 목표를 Objective 자리에 쓰는 겁니다. '매출 1,000억 원을 달성하자' 같은 문장은 추천하지 않습니다. 이런 문장은 Key Result 자리에 쓰고, Objective 자리에는 구성원을 동기 부여하고 우리가 왜 이 일을 하는지 Why를 설명해주는 정성적인 문장을 쓰는 것이 좋습니다. 두 번째 실수는 해야 할 일을 그대로 Objective로 설정하는 겁니다. '다음 분기까지 제품의 새 버전을 출시한다' 같은 문장을 Objective로 놓게 되면 구성원들이 동기 부여되기 보다 일정에 대한 압박만 느낄 가능성이 높습니다. '고객의 사용성을 높이고 작업 시간을 단축시킬 새 버전을 출시한다'처럼 이 일이 어떤 가치가 있는지 구체적으로 표현해 주면 좀 더 나은 Objective가 됩니다. 물론 전사 혹은 상위 레벨에서 하위 부서로 내려올 수록 언제까지 무엇을 해야 하는지에 좀 더 가까워지기는 합니다.

Objective를 작성할 때는 다음과 같은 질문을 생각해 보시면 도움이 됩니다.

### 1. 상위 조직의 Objective에 어떻게 기여할 수 있나요?

우리 팀의 Objective는 독립적인 것이 아니라 우리가 소속된 더 큰 조직의 Objective에 기여하기 위해 존재합니다. 팀 위의 실이나 본부, 사업부 같은 상위 조직의 Objective를 보면서 우리는 저기에 어떤 공헌을 할 수 있는지 생각해 보세요.

## 2. 우리 팀은 왜 존재하나요?

회사가 존재하는 이유가 있는 것처럼, 팀에도 존재 이유가 있습니다. 존재 이유를 생각하면서, 그래서 이번 분기에 어떤 개선과 발전을 이루어야 할지 생각해 보세요

## 3. 누구에게 어떤 가치를 주고 있나요?

지금 하려는 업무를 탁월하게 잘하면 누구에게 어떤 가치를 주나요? 개선이나 발전 없이 지금처럼 일한다면 누가 어떤 불편함을 느끼나요? 우리 팀이 사라진다면 가장 아쉬워할 사람이 누구인가요? 어떤 부서는 고객이 회사 내부에 있을 수도 있습니다.

## 4. 우리가 돈을 번다는 것은(또는 매출 외에 다른 성과를 낸다는 것은) 무엇을 증명해 주나요?

예를 들어 어떤 임팩트 투자사가 소셜 벤처에 투자해 열 배의 수익을 낸다면, '사회적 가치를 추구하는 기업도 충분히 다른 기업들처럼 성장하고 수익을 낼 수 있다'는 걸 증명할 수 있을 겁니다. 여러분이 내는 성과는 고객이나 사회 입장에서 보았을 때 어떤 가치를 증명해 주나요?

Objective를 작성하시는 데 참고하실 수 있도록 몇 가지 예시 문장을 보여드립니다.

- 온라인에서 살 수 있는 모든 것을 제공하는 No.1 이커머스가 된다.
- 고객의 가정 살림에 보탬이 되는 가성비 PB 제품군을 확대한다.
- 고객이 검색하기 전에 원하는 것을 추천한다.
- 반려동물을 키우는 모든 사람이 믿고 구매할 수 있는 브랜드가 된다.
- 고객이 우리 제품을 언제 어디서나 쉽게 구할 수 있게 한다.
- 시니어 헬스케어 시장에서 PMF(Product-Market Fit)를 검증한다.
- 음식 배달 대행 시장에서 입지를 다진다.
- 누구나 도전할 수 있는 가성비 좋은 파트타임 일자리를 창출한다.
- 업계에서 가장 일하기 좋은 직장이 된다.
- 구성원들을 성장시키는 인사 제도를 마련한다.
- 유저 사용성이 개선된 시스템 V2를 출시한다.
- 고객이 머물고 싶은 서비스가 되도록 UI를 최적화한다.
- 무지로 인한 법 위반 사례를 Zero로 만든다.
- 비즈니스 도약을 위해 업계 최고의 인재를 채용하고 팀 빌딩을 마친다.
- 사업 건전성을 위해 필요한 자금을 확보한다.
- 정확한 회계 처리로 가산세를 Zero로 만든다.
- 비대면, 재택 근무 업무 생산성을 높일 수 있는 인프라를 구축한다.

# Objective에
# 얼마나 가까워졌는지
# 측정하는 기준, Key Result

그럼 KR, Key Results는 무엇일까요? Objectives는 우리가 왜 이 것을 하려 하는지 Why를 설명해 주고 구성원들에게 동기를 부여합 니다. 하지만 정성적인 문장이기 때문에 Objective만 보고서는 거기 에 절반 정도 간 건지, 80% 간 건지, 거의 다 온 건지 알기 어렵습니 다. 또한 같은 Objective 문장을 보면서 구성원들이 조금씩 다른 걸 떠올릴 위험까지 있습니다.

예를 들어 Objective로 '밀레니얼 고객이 우리 서비스를 더 많이 써보게 한다'를 썼다고 가정해 봅시다. 그런데 '더 많이 써보게 한 다'가 구체적으로 무엇을 뜻하는 걸까요? 사람마다 생각이 다를 겁니다. 맡은 업무가 무엇인지에 따라 밀레니얼 회원 수를 늘리는 것을 떠올릴 수도 있고, 앱 다운로드 수 혹은 실제 서비스 사용 시간을 늘리는 것이라 생각할 수도 있습니다. 이렇게 기준이 되는 지표는 물론, '얼마나' 많이 사용해야 '더 많이' 써보게 했다고 볼 수 것인지 목표 수준도 다를 수 있습니다. 이런 부분을 서로 합의하는 것이 바로 Key Result입니다. KR은 우리가 Objective에 얼마나 가까워졌는지를 알 수 있는 측정 기준이자 피드백 지표입니다. 또한 Objective가 무엇을 뜻하는지 좀 더 구체적으로 정의해 주기도 합니다. 예를 들어 '밀레니얼 고객이 우리 서비스를 더 많이 써보게 한다'의 Key Result로는 다음과 같은 것들을 생각해볼 수 있습니다.

- 밀레니얼 회원 수를 10,000명으로 늘린다(MAU 기준).
- 밀레니얼 회원들의 평균 체류 시간을 7분으로 늘린다.
- 밀레니얼 회원들의 유료 결제율을 30%로 늘린다.

정성적인 Objective의 진척도를 Key Result로 측정하기 때문에 이왕이면 정량적으로 측정 가능한 지표로 잡으시는 것이 좋습니다. 이렇게 말씀드리는 이유는 실제로 작성하시다 보면 정성적인 KR도 생기기 때문입니다. 가령 '평가 제도 2.0 만들기'를 인사팀의 KR로 잡을 수 있는데, 평가 제도 2.0이 몇 퍼센트나 완성 되었는지는 정량적으로 측정할 수 있는 건 아닙니다. 이런 경우엔 진척도를 어떻게 측정할까요? '이건 80% 정도 된 것 같다, 왜냐하면 초안 보고서가 나왔고, 인사팀장님 보고가 끝났고, CHO(Chief Human resource Officer)님 보고만 남았기 때문이다.' 이렇게 담당자가 자가 평가하고, 리더나 다른 팀원들이 인정해주면 그걸로 충분한 것 같습니다. OKR은 조직을 한 방향으로 정렬시키고, 구성원들이 도전하고 집중할 수 있도록 도와주는 도구입니다. 만약 KR의 진척도가 그대로 평가에 반영된다면 자가 평가에 맡길 수 없겠지만, OKR은 평가가 아닌 성과를 내는 과정을 서로 공유하고 도와주는 것이 목적이기 때문에 자가 평가를 적극 활용하셔도 됩니다.

Objective는 문장을 만드는 것 자체가 고민이라면, Key Result는 얼마나 도전적으로 잡을 것인지가 고민입니다. OKR은 도전을 강조하기 때문에 KR을 정할 때 지금 하던 대로 하면 60~70% 달성할 수 있는 스트레치 골(Stretch Goal)을 잡으라고 이야기합니다. 그래서 KR을 달성하려면 도전이나 혁신이 필요하게 되죠. 우선 우리나라 회사들이 스트레치 골에 그리 익숙하지 않습니다. 많은 기업이 성과 관리를 위해 사용하는 KPI 목표는 100%, 적어도 90% 이상 달성을 전제하고 세우는 경우가 많습니다. Key Result와 KPI가 생긴 게 비슷하기 때문에(둘 다 지표+목표 수치 형태) KPI를 쓰던 회사가 OKR을 도입하면 자연스럽게 기존에 가지고 있던 KPI 일부를 Key Result 자리에 옮겨 쓰려 합니다. 그런데 KPI와 Key Result는 '얼마나 도전적인가'라는 측면에선 차이가 큽니다. 같은 매출 목표라 해도 100% 달성을 전제하는 KPI에서의 목표와 60~70% 달성을 전제하는 OKR에서의 목표는 1.5배 가까이 차이가 날 수 있기 때문이죠. 그러다 보니 목표가 너무 과도하게 높은 것은 아닌지, 달성 못했다고 나중에 질책을 받는 건 아닌지 거부감이 들 수 있습니다.

또다른 경우도 있습니다. 지금처럼만 하면 60~70% 달성할 수 있는 목표라는 건 지금 뭔가 돌아가고 있다는 뜻입니다. 어떤 성과가 나올지 대충 감이 있기 때문에 거기에 30~40%를 더 얹어서 스트레치 골을 잡을 수 있는 것이죠. 그런데 완전히 새롭게 시도하는 일이라면 어떨까요? 의지를 반영해 목표를 잡긴 하겠지만, 실제로 얼마나 달성될지는 해보기 전에 모를 겁니다. 저도 직장 생활 하면서 다양한 신사업을 해봤지만 이럴 때는 60~70%가 아니라 솔직히 0%만 아니어도 다행이죠. 실제로 OKR 운영을 하다 보면 세 가지 유형의 Key Result를 마주합니다.

## ┃ 도전 KR: 이대로 하면 60~70% 달성

기존 사업에서의 도전과 혁신을 유도할 때 쓰는 KR입니다. 'Key Result는 60~70% 달성할 수 있는 수준의 높은 목표로 잡으세요' 할 때의 그 KR이고, 일반적인 OKR 책에서 설명하는 KR은 다 도전 KR이라고 보시면 됩니다. 도전 KR을 잡으실 때 주의하실 점은 처음부터 '60%만 해도 괜찮다'는 분위기가 형성돼서는 안 된다는 겁니다. 매우 어렵다는 것을 서로 알고 있지만 도전해보자는 뜻이지, 'KR ×

0.6 = 실제 목표'처럼 받아들이면 애초에 스트레치 골을 잡는 의미가 사라집니다.

## ▌혁신 KR: 0%가 아니면 다행

신사업이나 완전히 새로운 시도에 대한 KR입니다. 나름 논리를 만들고 의지를 반영해서 목표를 세우겠지만, 실제로 어떤 결과가 나올지 예상하기 어렵습니다. 실패할 가능성도 높습니다. 시도 자체에 의의가 있고, 추진하는 과정에서 많은 인사이트를 얻을 수 있는 KR입니다.

## ▌필수 KR: 100% 달성이 기준

조직이 건강하게 운영되기 위해 100% 달성해줘야 하는 지표입니다. 회사의 현금 흐름이나 사고, 소송, 불법 행위 등 재무적, 물리적, 법적 리스크와 관련된 지표를 생각할 수 있습니다. '기존 사업이냐 신사업이냐'의 문제보다는 맡은 업무의 성격에 따라 필수 KR이 발생합니다.

꼭 리스크와 관련되지 않더라도 KPI로 성과 관리하던 조직이 OKR을 도입할 경우 필수 KR의 비중이 높을 수 있습니다. 이미 연간 목표가 어느 정도 정해져 있는 상태에서 처음엔 OKR 양식에 맞게 칸 채우기 하는 느낌으로 OKR이 도입될 수 있기 때문입니다. 도입한 첫 분기에는 OKR이라는 개념 자체에 익숙해지는 걸 목표로 그렇게 하실 수도 있겠지만 두 번째, 세 번째 분기에도 계속 필수 KR 위주로 OKR이 운영된다면 우리가 OKR의 도입 취지를 잘 살리고 있는지 한번 생각해 보실 필요가 있습니다.

어떤 분들은 필수 KR은 OKR이 아니기 때문에 OKR 작성할 때 다 빼 버리라고 하는 경우도 있습니다. 저는 그렇게 강경파(?)는 아닙니다. 회계팀이나 법무팀 같은 조직은 업무 특성상 필수 KR이 더 많을 수 있습니다. 그런데 필수 KR을 쓰지 말라고 하면 이런 분들은 실제로 많은 시간을 쓰는 자기 본업이 아닌 사이드 업무에서 억지로 쥐어 짜낸 KR을 만들게 됩니다. 당연히 OKR을 별로 중요하지 않게 여기게 되고, OKR에 대한 소외감이나 반감이 생길 수 있겠죠.

하지만 이런 부서라고 해서 도전이나 혁신이 필요 없다는 뜻은 아닙니다. 실제로 OKR 도입 자문을 하다 보면 이 부분에서 사람을 바라보는 관점이 드러납니다. 예를 들어 비용 정산을 담당하는 경리 부서의 경우 개선이나 혁신은 애초에 기대하지 않은 채 루틴한 업무를 실수 없이 해주면 된다고 생각하는 대표님이 있는 반면, 어떤 업무라도 그 안에서 나름의 개선과 새로운 시도가 있어야 한다고 생각하는 대표님도 있습니다. 전자는 OKR에서 일부 부서를 빼고 운영하시는 편이고, 후자는 어떻게 하든 OKR 안에 모든 부서를 포함시키려고 하는 편입니다. 'OKR에 전사가 포함되어야 하는가?' 이건 생각보다 많은 고민이 필요한 문제입니다. 부서의 업무 성격에 따라 OKR이 안 맞는 곳도 있지 않을까 생각하실 수 있지만, 그렇게 결정하는 순간 해당 부서에서는 '우리 부서에는 애초에 별 기대가 없구나. 그냥 루틴한 업무만 계속 하라는 뜻이구나'하고 부정적으로 받아들일 수 있습니다. 일부 부서가 먼저 도입해보고 괜찮으면 점차 전사로 확산하겠다는 방향은 괜찮지만, 처음부터 '특정 부서를 배제하고 OKR을 도입하겠다'고 선언하시면 생각보다 부작용이 클 수 있습니다.

제가 일했던 A사도 모든 사람에게 도전과 혁신을 요구했던 대표적인 회사입니다. 직원들은 본업 외에 항상 무언가 '프로젝트'를 해야 했습니다. 지식 경영이 회사 경영 원칙의 한 축이었고, 본업을 열심히 해도 프로젝트에서 성과를 내지 못하면 승진이 어려운 구조였습니다. 전사 프로젝트는 '프로젝트 트리' 형식으로 관리했는데 OKR이라는 용어를 쓰지는 않았지만 지금 다시 보면 Objective와 Key Result, 다음에 설명드릴 Initiative 개념이 얼추 녹아 있는 것을 알 수 있습니다. 저는 중국에서 지식경영팀장(Senior Knowledge Officer)으로 중국 법인에서 돌아가고 있는 전체 프로젝트 진척을 시스템으로 관리하고, 정기적으로 '프로젝트 페스티벌'이라 불리는 발표회를 개최했습니다. 어쩌면 그때부터 OKR과 연을 맺었다고 할 수 있겠네요.

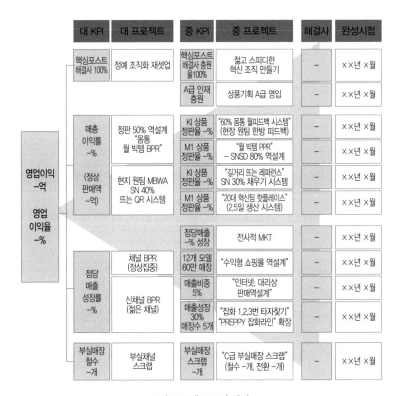

| 대 KPI | 대 프로젝트 | 중 KPI | 중 프로젝트 | 해결사 | 완성시점 |
|---|---|---|---|---|---|
| 영업이익 −억 영업 이익율 −% | 핵심포스트 해결사 100% | 정예 조직화 재셋업 | 핵심포스트 해결사 충원 율100% | 젊고 스피디한 혁신 조직 만들기 | − | ××년 ×월 |
| | | | A급 인재 충원 | 상품기획 A급 영입 | − | ××년 ×월 |
| | 매총 이익률 −% (정상 판매액 −억) | 정판 50% 역설계 "몸통 월 빅템 BPR" | KI 상품 정판율 −% | "60% 몸통 월피드백 시스템" (현장 원팀 한방 피드백) | − | ××년 ×월 |
| | | | M1 상품 정판율 −% | "월 빅템 PPR" − SNSD 80% 역설계 | − | ××년 ×월 |
| | | 현지 원팀 MBWA SN 40% 뜨는 QR 시스템 | KI 상품 정판율 −% | "길거리 뜨는 레퍼런스" SN 30% 채우기 시스템 | − | ××년 ×월 |
| | | | M1 상품 정판율 −% | "20대 혁신팀 핫플레이스" (2.5일 생산 시스템) | − | ××년 ×월 |
| | 점당 매출 성장률 −% | 채널 BPR (정상집중) | 점당매출 −% 성장 | 전사적 MKT | − | ××년 ×월 |
| | | | 12개 모델 60만 매장 | "수익형 쇼핑몰 역설계" | − | ××년 ×월 |
| | | 신채널 BPR (젊은 채널) | 매출비중 5% | "인터넷, 대리상 판매역설계" | − | ××년 ×월 |
| | | | 매출성장 30% 매장수 5개 | "잡화 1,2,3번 타자찾기" "PREPPY 잡화라인" 확장 | − | ××년 ×월 |
| | 부실매장 철수 −개 | 부실채널 스크랩 | 부실매장 스크랩 −개 | "C급 부실매장 스크랩" (철수 −개, 전환 −개) | − | ××년 ×월 |

A사 프로젝트 트리 예시

# KR 작성해보기

첫 연습이니 회사가 아닌 개인적인 내용으로 실습해 보겠습니다. 만약 여러분의 올해 Objective가 '가족을 위해 재무 상태를 개선한다'라면 측정 지표로 어떤 Key Result를 쓰시겠습니까? 떠오르는 Key Result 두세 가지를 아래 칸에 먼저 써 보시고 이어서 읽어 주시기 바랍니다.

KR 1:

KR 2:

KR 3:

작성을 마치셨나요? 실제 워크숍을 진행해보면 가장 많이 나오는 답이 '가계부를 쓴다'입니다. 일단 얼마를 벌고 어디에 쓰는지 알아야 재무 상태를 개선할 수 있으니까요. '수입을 늘리고 비용을 줄여야 한다'고 체계적으로 접근하시면서 아래와 같이 정말 다양한 아이디어를 떠올리십니다.

- **수익창출형:** 퇴근 후 할 수 있는 부업을 찾는다(대리운전), 맞벌이를 한다, 이직한다.
- **재무형:** 투자 포트폴리오를 조정한다, 주식 수익률을 연 10% 이상 달성한다, 적금에 가입한다, 이자율이 낮은 쪽으로 대환 대출을 한다.

- **절약형:** 술을 일주일에 한 번만 마신다, 배달 음식 비용을 월 10만원으로 줄인다, 택시는 9시 넘어서만 탄다, 신용 카드를 없앤다, 생활비를 10% 줄인다.

여러분들이 쓰신 답 가운데 혹시 이 안에 포함된 것이 있나요? 아쉽게도 앞에서 말씀드린 답 중에 좋은 Key Result는 없습니다. 좀 더 나은 Key Result 예시는 다음과 같습니다.

- KR1: 연말까지 통장, 주식, 펀드, 예금 잔액을 합쳐 X만 원을 넘긴다.
- KR2: 마이너스 통장 잔액을 X만 원 이하로 만든다.
- KR3: 전세 자금 대출을 X만 원 이상 상환한다.

차이가 무엇인지 보이시나요? 이쯤에서 Key Result의 정의를 다시 한번 생각해 봅시다.

> Key Result는 우리가 Objective에 얼마나 가까워졌는지를 알 수 있는 측정 기준이자 피드백 지표입니다.

처음에 보여드린 답('가계부를 쓴다' 등)은 내 재무 상태가 얼마나 개선되었는지를 측정해 주는 지표가 아닙니다. 재무 상태를 개선하기 위해 내가 할 행동들이죠. 이런 행동들은 재무 상태 개선 여부를 측정해 주지 않을뿐더러 실제로 행동을 하더라도 다른 곳에서 예상치 못한 비용이 발생하면 재무 상태가 개선되지 않을 수 있습니다. 즉, KR을 달성해도 O가 달성 안 될 수도 있기 때문에 Key Result의 정의상 좋은 KR이라고 보기 어려운 것이죠.

반면에 나중에 보여드린 답은 재무 상태의 개선 여부를 좀 더 직접적으로 나타내고, KR이 달성되면 O가 달성되었다고 확실히 이야기할 수 있습니다.

그렇다면 '가계부를 쓴다' 같은 행동은 중요하지 않은 것이냐, 그렇지 않습니다. 단지 KR 자리에 있을 녀석이 아니라는 뜻입니다. 그럼 실제로 할 행동은 어디에 써야 할까요? 그게 바로 이니셔티브(Initiative)입니다.

Objectives and Key Results

# OKR의 숨겨진 Tip, Initiative

# OKR 달성을 위해
# 무엇을 할 것인가?

'건강해진다'는 Objective가 있다면 Key Result로 어떤 걸 적으면 좋을까요? 많은 분이 '건강하려면 운동을 해야지'라는 생각으로 '헬스장 등록하기', '하루에 30분씩 걷기', '매일 물 1리터 마시기' 같은 걸 먼저 떠올립니다. 하지만 이런 것들은 얼마나 건강해졌는지 측정하는 기준은 아니기 때문에 Key Result로 보기 어렵습니다. 대신 이처럼 Objective와 Key Result를 달성하기 위한 행동을 Initiative라고 부릅니다.

Initiative의 뜻을 사전에서 찾아보면 '특정한 문제 해결, 목적 달성을 위한 새로운 계획'이라고 나옵니다. '전략 과제'나 '추진 과제' 같은 단어로 번역하기도 합니다. 우리가 하는 모든 행동(Doing)은 어떤 상태(Being)가 되기 위해서 하는 것입니다. 예를 들어 운동을 하는 건 건강한 상태, 스트레스가 풀린 상태, 또는 친구들과 더 친밀해진 상태가 되기 위해서 하는 것이죠. 목적은 하나일 수도 있고, 두세 가지 일수도 있습니다. 시장 조사를 하는 건 우리 제품의 경쟁력을 높이기 위해서 하는 것이고, 길거리에서 판촉물을 나눠주는 것은 우리 매장의 방문객을 늘리고 싶어서 하는 것입니다.

아파트 단지 상가에 있는 레스토랑 점장이 셰프에게 새 파스타를 개발해달라고 부탁했습니다. 메뉴 개발에는 어떤 목적이 있을 수 있을까요? 매출 원가를 낮추고 싶을 수도 있고, 조리 시간을 줄이고 싶을 수도 있고, 특정 고객군이 좋아할 만한 메뉴가 필요할 수도 있고, 메뉴의 가짓수 자체를 늘리는 게 목적일 수도 있습니다. 그런데 점장이 어떤 목적을 가지고 있는지 셰프에게 알려주지 않았다고 합시다. 그래서 셰프는 손님이 몰리는 시간대에 본인이 편하려고 조리 시간이 짧은 메뉴를 개발했습니다. 그런데 점장이 원하는 건 평일 점심 회전율을 높이기 위해 아파트 학부모들이 자녀를 등교시키고 나서 브런치로 먹을 수 있는 메뉴였습니다.

셰프는 분명히 행동(Doing, 신메뉴 개발)은 완수했습니다. 그런데 점장이 바라던 상태(Being, 평일 점심 회전율 두 배)는 되지 않았죠. 이건 누구 잘못일까요? 일단 점장이 지시를 잘못했죠. 애초에 자신이 바라는 상태를 이야기해주지 않았으니까요. 그렇다고 셰프도 잘했다고 말하긴 어렵습니다. 왜 해야 하는지도 모르면서 소위 말하는 '까라면 까' 마인드로 했으니까요.

바보 같은 사례라고 생각하실 지 모르겠지만 실제 회사에서도 많은 일들이 이렇게 진행됩니다. 저는 스타트업에서도 OKR 강의 요청을 자주 받습니다. 요즘 스타트업들은 전체 직원의 적어도 절반, 어떤 곳은 80~90%가 개발자들로 구성되어 있죠. 그런데 개발팀과의 소통이 행동 위주로만 흘러가는 경우가 많습니다. 프로덕트가 또는 우리 회사가 어떤 상태가 되길 원하는지 알려주지 않으면서, '언제까지 무슨 기능을 개발해 주세요', '언제까지 무슨 서비스를 출시해야 합니다'라는 식으로 소통합니다. 인풋과 아웃풋은 무엇이고, 어떤 로직으로 작동해야 하는지는 세세하게 소통하면서, 이걸 통해 얻고자 하는 목적은 제대로 안 알려 주는 것이죠. 개발자들은 그런 거 몰라도 된다고 생각하는 건지 아니면 애초에 관심이 없을 거라 생각하는 건지는 모르겠으나, 저희 팀 개발자 분들만 봐도 회사 비즈니스 상황을 이해하고 개발하는 것과 그렇지 않은 것은 몰입도 측면에서 차이가 큽니다. 상대가 아예 외주 개발자라면 목적에 대한 공유 없이 원하는 일만 시키는 게 맞을지 모르겠지만, 같은 회사 개발자들을 프리랜서에게 일 맡기듯 대하는 경우를 보면 좀 안타까운 생각이 듭니다.

행동이 Initiative이고, 되고자 하는 상태가 Key Result입니다. Initiative는 행동이기 때문에 조사, 개발, 지원, 보고서 작성, 출시 같은 구체적인 동사로 끝나는 것이 좋습니다. 대기업 보고서에서 자주 쓰는 용어로 '고도화'라는 단어가 있는데 보통 구체적으로 무얼 해야 할지 잘 모를 때 '고도화'한다고 애매모호하게 얼버무리죠. 마찬가지로 무턱대고 뭔가를 '개선'하겠다고 하기 보다 개선하기 위해 실제로 어떤 행동을 할 것인지 표현하는 것이 좋습니다. 반대로 Key Result를 썼는데 동사로 끝난다면 이게 Key Result가 맞는지 한번 생각해야 합니다.

Initiative는 KR과 연결시킬 수도 있고 O와도 연결시킬 수 있습니다. 아래의 OKR을 봅시다.

**O:** 리뉴얼 시기에 맞춰 기존 고객과 신규 타깃 고객에게 새로운 브랜드 콘셉트를 알린다.

**KR1:** 기존 VIP 고객 중 80% 이상이 리뉴얼된 신제품을 구매한다.

**KR2:** 리뉴얼 후 한 달 동안 우리 제품을 구매한 적 없는 신규 타깃 고객 1,000명을 확보한다.

OKR을 달성하기 위해 무엇을 해야 할까 생각하다가 'VIP 고객 대상 언택트 브랜드 설명회 개최'를 떠올렸다면 이건 KR1을 위한 Initiative일 겁니다. 그런데 '뷰티 유튜버 A씨와 협찬 계약'이라는 Initiative는 KR1과 KR2 모두에 영향을 미칠 수 있습니다. 이런 경우엔 Initiative를 Objective에 바로 연결시킬 수도 있는 것이죠. 실제로 OKR을 운영하고 있는 회사를 보면 두 가지 방법을 병행해서 사용합니다.

과정(행동)과 결과(상태)라고 생각하면 Key Result와 Initiative가 명확하게 구분될 것 같은데, 막상 작성 하다 보면 애매한 것들이 많습니다. 매출, 고객수, 체류 시간, 영업이익, 적발 건수 같이 명확하게 결과인 것도 있지만, 밸류 체인 중간에 있는 부서들은 결과인지 행동인지 판단하기 어려운, 경계에 있는 듯한 항목들이 많기 때문입니다. 아래 예시들을 보고 Key Result일지 Initiative일지 한번 생각해 보시기 바랍니다.


- 개발자 5명 채용
- A 화면에 X 기능 개발
- 300명 시장 조사
- 평가 제도 2.0 완성


어떻게 고르셨나요? 물론 Objective가 무엇인지, 어떤 맥락에서 나온 Key Result인지 설명을 안 드렸기 때문에 애매한 부분이 있으셨을 겁니다. 정답이 정해져 있는 문제는 아니지만 항목별로 한번 설명해 보겠습니다.

## | 개발자 5명 채용

실제로 워크숍에서 질문해 보면 KR이다, Initiative다 거의 반반으로 의견이 갈립니다. 이 문장이 initiative라고 생각하신 분들은 아마 '채용'도 동사이기 때문에 그렇게 생각하셨을 것 같습니다. 하지만 문장을 '개발자 5명 입사'로 바꿔보면 어떨까요? 사실상 같은 의미이지만 '채용'이 내가 뭔가 해야 한다는 느낌이라면, '입사'는 내 행동을 통해 얻어지는 결과의 뉘앙스가 큽니다. 개발자가 입사하려면 회사에서 원하는 역량을 갖춘 사람이 지원해 줘야 하고, 채용 프로세스를 통과해 연봉 협상까지 잘 마무리되어야 합니다. 이건 담당자가 통제할 수 있는 행동이라기 보다는 통제할 수 없는, 얻어지는 결과라는 측면이 더 크기 때문에 '채용'은 Key Result에 가깝다고 생각합니다.

## | A 화면에 X 기능 개발

이건 행동이니까 Initiative라 보는 게 맞습니다. 다만 X 기능이 딥러닝 알고리즘을 이용해 정확도 95%를 넘겨야 한다는 조건이 붙는다면 Key Result가 될 수도 있습니다.

## | 300명 시장 조사

이것도 Initiative입니다. '시장 조사'는 행동입니다. 아마 '제품의 경쟁력을 강화한다' 같은 Objective를 위해 하는 행동이겠죠. 그런데 시장 조사를 몇 명 대상으로 했는지가 제품의 경쟁력 강화 여부를 측정해 주지는 않습니다. 시장 조사를 300명 했다고 해서 제품 경쟁력을 보장해 주지도 않고요. 간혹 숫자가 들어있으면 Key Result라고 생각하시는 분들이 있습니다. 이 사례처럼 측정 가능하다고 해서 무조건 Key Result가 되는 것은 아닙니다.

## ┃ 평가 제도 2.0 완성

꼭 평가 제도가 아니더라도 인사팀, 더 넓게는 스태프 부서들의 Key Result는 이런 형태가 많습니다. 평가 제도 또한 담당자가 초안을 만드는 건 행동이겠지만 그 이후의 보고와 승인 과정은 통제할 수 없는, 얻어지는 결과라고 볼 수 있습니다. 다만 위의 시장 조사와 반대로, 평가 제도는 진척도를 숫자로 측정하기 어렵습니다. 정성적인 내용도 Key Result가 될 수 있고, 앞서 설명 드렸듯 책임자의 자가 평가와 동료, 리더의 인정으로 진척도를 관리하시면 됩니다.

위의 예시들처럼, 행동인지 상태인지 만으로 구분하기 어렵다면 이 질문을 해보시면 도움이 됩니다. '내가 통제(Control)할 수 있는 것인가, 통제할 수 없는 것인가?' 통제할 수 있는 것, 해버리면 되는 것이라면 Initiative입니다. 반대로 행동의 결과로 얻어지는 것, 통제할 수 없는 것이 Key Result입니다. 영어로는 Output과 Outcome의 차이입니다.

그런데 예외 상황도 있습니다. 행동은 이번 분기에 하는데, 결과는 이번 분기에 안 나오는 경우입니다. 예를 들어 이번 분기에 앱을 개발하고 있는데, 앱 출시 자체는 다음 분기 말에나 된다고 합시다. 앱과 관련된 일반적인 KR은 앱 다운로드 수나 MAU, 체류시간 등이 있을 텐데, 이것들은 모두 앱이 일단 시장에 출시되어야 측정할 수 있습니다. 이렇게 무에서 유를 만드는 경우, 행동과 결과의 시차가 클 경우엔 '언제까지 무엇을 마무리한다'는 행동 자체를 KR로 보기도 합니다. 이렇게 쓴다면 OKR이 좀 더 마일스톤(Milestone) 관리 같은 형태로 쓰이겠죠. 다만 실제로 출시하고 나면 원래 측정하고자 했던 다운로드 수나 MAU 같은 지표들이 KR로 들어가야 합니다.

또다른 케이스가 아웃소싱입니다. 우리가 어떤 개발 프로젝트를 수주해서 뭔가를 개발하고 납품했다고 가정해 봅시다. 그럼 우리 입장에서는 고객의 요구 사항에 맞춰서 제때에 납품하는 것 까지가 Key Result이지, 그 시스템을 사람들이 실제로 얼마나 많이 쓰는지는 우리에게 발주한 고객사가 고민할 부분이거든요. 이런 조직에서 만약 OKR을 쓰시겠다고 한다면 KR이 거의 마일스톤 단위로 돌아가게 될 겁니다.

# Initiative를
# 굳이 구분해야 하나요?

이렇듯 KR과 Initiative는 은근히 구분하기 어렵습니다. 개념상으로론 구분이 명확하지만, 실제 작성하다 보면 정답이 있다고 하기도 애매합니다. 그럼에도 KR과 Initiative를 구분하는 걸 추천 드리는 이유가 있습니다. 우선 무엇을 위해 하는 일인지 생각해보게 됩니다. 앞서 예로 든 개발팀처럼, 어떤 성과를 얻고 싶은지 아무도 알려주지 않고 '언제까지 무엇을 해야 한다'는 수준에서만 소통하는 경우가 많습니다. 밸류 체인 중간에서 어떤 역할을 맡고 있지만, 궁극적으로 어떤 고객에게 어떤 가치를 주기 위해 일하는 건지 정렬이 안 되는 거죠.

이런 상태가 지속되면 직원들의 동기 부여 수준도 떨어질뿐더러, 의도한 성과가 났는지와 상관없이 '나는 내 할 일 했다'는 식으로 받아들일 수 있습니다. KR과 Initiative를 분리하면 '무엇을 해야 하는가'와, '어떤 성과를 내야 하는가'를 나눠서 생각하는 훈련이 됩니다. OKR은 업무 관리 도구가 아닌 성과 관리 도구입니다. KR과 Initiative 구분이 어렵긴 하지만, 조직의 KR 자리에 거의 다 initiative 만 써 있다면 우리가 어떤 목적을 바라보고 뛰는 건지 서로 제대로 알고 있는 게 맞나 한번 확인해 봐야 합니다.

심지어 Initiative를 Objective 자리에 써 놓는 경우도 자주 보입니다. 언제까지 뭘 한다, 뭘 출시한다 이렇게 Objective를 쓰는 경우가 많은데, 단순한 일정 관리 관점보다 '누구에게 어떤 가치를 주는지'라는 관점으로 한번 써 보세요. 예를 들어 그냥 '7월까지 신제품 출시', 이렇게 하지 마시고, '글로벌 시장 진출이 가능한 신제품을 출시한다', '고객 편의성을 대폭 늘린 신제품을 출시한다'처럼, 우리 회사나 시장, 고객에 어떤 의미가 있는 건지 구체적으로 써 보시면 좀 더 나은 Objective가 될 것입니다.

Initiative는 우선 순위를 명확히 하는 데도 도움이 됩니다. 팀의 Objective는 두세 개, O마다 Key Result는 서너 개 이하로 작성하시는 것이 좋습니다. 그 이상은 팀원들이 우선 순위에 집중하기 어렵습니다. 그런데 OKR을 이미 도입했다는 회사들을 만나서 OKR을 보여 달라고 하면 O 밑에 KR이 일고여덟 개씩 쓰여 있는 경우가 많습니다. 그러면서 다 중요한 것이라 줄이기 어렵다고 하죠. 이렇듯 Key Result 목록이 길어지는 가장 큰 이유는 KR 자리에 Initiative를 섞어서 써 놓았기 때문입니다. KR과 Initiative만 분리해도 OKR이 훨씬 깔끔하게 정리되고, 팀원들도 얻고자 하는 성과에 더 집중할 수 있습니다.

KR과 Initiative를 구분하는 또 한 가지 이점은 유연성입니다. Objective는 조직이 바라봐야 할 '목적지'이고 그 측정 기준이 KR이므로 너무 자주 바꾸는 것도 바람직하지 않습니다. 그런데 Initiative는 가설입니다. 분기가 시작한 지 얼마 안 됐어도 이 행동으로 원하는 KR이 달성될 것 같지 않으면 빨리 가설을 폐기하고 다른 Initiative를 찾아야 합니다. 그런데 KR과 Initiative가 섞여 있다면 조정 가능한 것과 조정할 수 없는 것이 무엇인지 혼란스럽게 됩니다. OKR을 분기 중에 바꾸지 않기로 했다고 해서 이미 할 필요가 없어진 Initiative에 집착하는 상황이 생길 수 있죠.

Initiative의 필요성에 대해 또 한가지 자주 받는 질문이 '책에는 Initiative가 없던데요?'입니다. 아마 OKR을 도입하시려는 분들은 구글의 OKR을 알려 준 존 도어(John Doerr)의 『OKR 전설적인 벤처투자자가 구글에 전해준 성공 방식(Measure What Matters)』이라는 책을 많이 참고하셨을 겁니다. 이 책에는 Initiative 개념이 나오지 않습니다. 그래서 해외에선 비판을 받기도 한다는 사실, 아셨나요? 구글에서 존 도어의 OKR 책 리뷰를 검색해보면 책에서 든 예시들에

Outcome과 Output이 섞여 있다는 지적을 여럿 보실 수 있습니다. 물론 전체적인 내용은 훌륭하고 OKR을 도입하는 데 도움이 되는 좋은 책이지만, 이 책만이 OKR의 정답이라거나 이 책에 없으면 정통 OKR이 아니라는 인식은 버리셨으면 좋겠습니다.

저희 팀은 OKR 강의뿐만 아니라 OKR 기반의 성과 관리 협업 툴을 만들기 위해 해외 아티클을 연구하고, 다양한 해외 솔루션들을 벤치마킹했습니다. Action Item, Task, Project 등 명칭은 조금씩 다를지라도, 거의 모든 해외 솔루션에 OKR을 달성하기 위한 Initiative 개념이 들어있습니다. Initiative 개념을 잘 활용하면 바라봐야 할 목표와 당장 이번 주에 해야 할 업무가 어떤 관계인지 인식하고, 한 달에 한 번 쳐다보는 목표로서의 OKR이 아니라 내 업무와 직결된 OKR로서 일상에 더 깊이 스며들게 할 수 있습니다.

# 우리 팀의 OKR

이제 Initiative 개념까지 익숙해졌다면 팀의 OKR을 한번 작성해 봅시다. 이 글을 읽으시는 시점에 따라 이번 분기, 혹은 다음 분기 우리 팀의 OKR은 어떻게 정의할 수 있을지 아래에 써 보세요. 팀 규모와 성격에 따라 Objective는 하나가 아니라 두세 개일 수도 있습니다. 다만 OKR은 우선순위를 나타내기 때문에 최대한 줄이는 것을 추천해 드립니다.

| O1: | O2: |
|---|---|
| KR1: | KR1: |
| KR2: | KR2: |
| KR3: | KR3: |
| Ini1: | Ini1: |
| Ini2: | Ini2: |
| Ini3: | Ini3: |
| Ini4: | Ini4: |
| Ini5: | Ini5: |

OKR까지 작성하셨다면 이제 KR과 Initiative의 상세 내용을 채워야 합니다. 실제로 팀에서 OKR을 정하실 때는 우선 누가할지 생각하지 말고 브레인스토밍처럼 OKR을 정하고, 그다음 책임자를 매칭하는 것이 좋습니다.

### | 책임자

O의 책임자는 보통 팀장이겠죠. 다만 팀의 O가 여러 개라면 팀원이 책임자인 O도 생길 수 있습니다. KR도 마찬가지로 특정 팀원의 업무와 직결된다면 팀원이 책임자일 수 있고, 팀 협업의 결과물이라면 팀장이 책임자일 것입니다.

### | 시작/목표 수치

정량적인 KR이라면 분기 시작 시점의 수치와 목표 수치를 적어주세요. 이후엔 현재 수치를 꾸준히 업데이트하면서 진척을 관리하시면 됩니다. 정성적인 KR이나 Initiative는 보통 0~100%로 진척을 관리합니다. 참고로 구글 공식 블로그 're:Work'에는 정량·정성적 KR 구분 없이 0 점에서1.0점까지 측정한다고 나와있는데[*], 가능하면 정확한 지표와 수치를 사용하는 것이 구체적인 Key Result를 잡는 데 도움이 됩니다.

### | 기간

기간의 경우 보통 O와 KR은 분기 단위로 잡게 됩니다. 하지만 특정 프로모션에서 성과를 내야 하거나 무에서 유를 만드는 과정에서 마일스톤 관리 차원으로 잡은 KR 등은 기간이 분기 말까지가 아닐 것입니다. Initiative는 행동을 나타내기 때문에 분기 내내 계속해야 하는 업무가 아니라면 기간이 다 따로 존재합니다.

---

\* rework.withgoogle.com/guides/set-goals-with-okrs

| OKR | 책임자 | 시작 수치 | 목표 수치 | 기간 |
|---|---|---|---|---|
| O1 : | | | | |
| KR1 : | | | | |
| KR2 : | | | | |
| KR3 : | | | | |
| Ini1 : | | | | |
| Ini2 : | | | | |
| Ini3 : | | | | |
| ... | | | | |

# 개발팀의 Key Result는
# 무엇으로 잡아야 할까?

스타트업은 개발자들의 비중이 크다 보니, OKR을 도입할 때도 개발팀의 KR을 무엇으로 잡을지가 가장 고민되는 포인트입니다. 서비스 회원 수를 개발자의 KR로 볼 수 있을까요? 좋은 서비스를 만들면 회원 수가 늘어나긴 하겠지만, 회원 수에 가장 큰 영향을 미치는 사람은 마케터나 영업 담당일 것입니다. 그럼 사용자들의 체류 시간을 개발자의 KR로 볼 수 있을까요? 개발자가 아무리 코드를 잘 짜도, 애초에 기획이 잘못되어 있으면 사용자가 불편하다고 느낄 수도 있겠죠. 이렇게 그나마 숫자를 측정할 수 있는 지표들을 하나씩 빼다 보면 '언제까지 무엇을 개발한다' 말고는 개발자의 KR로 잡을 게 없어집니다.

이렇게만 구성하면 우선 '개발자들은 개발만 하면 되는 것인가', '개발의 진척도나 품질을 어떻게 측정할 것인가' 두 가지 고민이 생깁니다. 그리고 좀 더 본질적인 의문이 들죠. 바로 '개발'을 KR로 볼 수 있냐는 점입니다. '개발하다'라는 말이 동사이기도 하고, 무언가를 개발하는 것은 개발자가 통제(Control)할 수 있는 범주에 있으니 엄밀히 말하면 Initiative라 봐야 할 것 같기도 합니다. 무에서 유를 만드는 과정이라면 예외적으로 KR로도 볼 수 있다 말씀드렸지만, 이미 서비스 중인 프로덕트를 업그레이드하는 중이라면 거기에도 해당하지 않죠.

실제로 자문하다 보면 KR과 Initiative를 구분하기 가장 애매한 포지션이 개발자입니다. 어디까지를 개발자의 성과 내지는 책임으로 볼 것인지는 정답이 있다기보다, 회사마다 경영진의 가치관에 따라 달라지는 문제인 것 같습니다. 만약 '언제까지 무엇을 개발한다'를 KR로 잡기로 했다면, 특정 프로젝트나 프로덕트 오픈을 KR로 잡고, 이를 더 잘게 쪼갠 덩어리를 Initiative로 표현하는 경우가 많습니다. 정의상이론 Initiative가 모여서 KR이 되는 건 아니지만, 개발이 아닌 다른 성과를 KR 자리에 두기 어려운 경우에는 이 방법이 가장 많이 쓰입니다. 분기가 넘어가는 장기 프로젝트라면 프로젝트를 O로 잡고 해당 분기에 끝내야 하는 모듈을 KR로 잡은 다음, 해당 모듈을 쪼개서 Initiative로 잡을 수도 있습니다. 이 경우 O에 프로젝트 이름만 달랑 써 놓기보다는 해당 프로젝트가 어떤 고객에게 어떤 가치를 줘야 하는지 표현해 주시는 게 좋습니다. 일반적으로 많이 사용되는 개발자들의 Key Result 들은 다음과 같습니다.

### [설계/개발/운영 관련]

- X 모듈의 AWS 글로벌 클라우드 인프라 이관 완료
- Slack 연동 프로세스 안정화
- 개발과 운영 서버 분리
- A 시스템 세부 아키텍처 설계 완료
- X 유스케이스에 대한 데이터 설계
- SSO 업그레이드 완료
- X 모듈 Javascript에서 Typescript 로 변환
- B 페이지에 React-virtualized 적용
- C 시스템 셧다운 및 레거시 이관
- 변경된 XX 정책 적용
- 개발 TC 통과율 90% 이상
- QA 이슈 조치율 100%

### [특정 기술/인프라 사내 적용]

- AI/ML(인공지능/머신러닝) 기술을 비즈니스에 적용하기 위해 3가지 과제 실현
- RPA를 활용한 업무 프로세스 개선 5건

- 블록체인 기술을 Tracking process에 적용
- A 솔루션 사내 POC 완료

## [서비스 속도/안정성/보안 관련]

- SLA 99.99% 이하로 떨어지지 않도록 주요 서비스 관리
- 최대 장애시간 XXX초 이하
- 장애 탐지 소요 시간 XXX초 이하
- A에서 B 화면 전환 시간 평균 10초 이내로 단축
- IDC 관제 및 운영안 수립
- 네트워크/보안 신규 장비 구축 및 가용성 테스트
- ISO27701 결함 조치 후 갱신 인증서 수령
- 백신/DRM/개인 정보 검출/망 연계 솔루션 테스트
- DDoS/서버 해킹 대응 훈련 결과 보고서 보고 완료

개발 프로세스, 개발 문화 관련 Objective를 잡는 회사들도 많습니다. 이럴 때는 아래와 같은 Key Result를 사용하실 수 있습니다.

- 서비스별 wiki 가장 최신 버전으로 문서화
- Jenkins CI/CD 도입
- Monolithic Architecture에서 Microservice Architecture로 전환
- 클라우드 기반의 아키텍처 기준 수립
- 테스트 코드 커버리지 70% 달성
- 2주 단위 스크럼 배포 5회 이상
- Common 라이브러리 버전 관리 체계 정리
- PM, 개발을 포함한 업무 프로세스 또는 그라운드 룰 작성

- 업무/협업 도구인 Jira 사용법의 전사 공통 룰 가이드 배포

회사 내에 퍼포먼스 마케터들이 따로 없을 경우 관련 지표를 개발팀에서 가져가는 경우도 있습니다.

- 구글 내에 인덱싱된 페이지 1,000개 이상 되도록 개발
- 구글 애널리틱스(analytics) 세션 시간 평균 6분 이상
- A/B 테스트를 통해 회원가입 전환율 2% 증진

\* 개발팀 외에 다른 팀들의 Key Result 예시는 책 뒤의 부록2에서 확인하실 수 있습니다.

Objectives and Key Results

# OKR 정렬하기

# 정렬의
# 중요성

유튜브에서 한 영상을 인상 깊게 보았습니다. EO 스튜디오에서 만든 '33살에 연 매출 2000억 글로벌 회사를 만들기까지"라는 제목의 영상입니다. 물론 젊은 나이에 큰 성공을 거둔 것도 놀라웠지만, 제가 공감했던 부분은 회사가 맞았던 위기를 이야기하는 영상 초반부였습니다.

---

\* youtu.be/uk3oj2zOchQ

"굉장히 유능한 팀장님들이 계시고 다 정말 열심히 일하셨어요.

그런데 그분들이 열심히 하면 할수록 회사가 어려워지는 거예요."


"처음엔 이런 일이 발생하고 있는지도 몰랐어요.

왜냐하면 각 개별 부서에서 가져오는 성과는 다 좋았거든요."


매장을 늘리는 사람은 매장 수 자체가 자신의 목표가 됩니다. 실제로 그 매장들이 이익을 내는지 상관없이 말이죠. 마찬가지로 제품을 파는 사람은 얼마를 할인하고 수수료를 몇 퍼센트 주었는지 상관없이 몇 개를 팔았는지가 자기 목표가 됩니다. 그러니 모두가 자기 목표를 바라보고 열심히 뛰어도, 회사로서 합쳐 놓고 보면 오히려 손해를 보는 상황이 발생하는 거죠. 저도 패션 업계에서 일하던 동안 비슷한 상황을 많이 목격했기 때문에, 조직간 정렬이 안 된 상황이 비즈니스에 얼마나 타격을 줄 수 있는지 공감이 되었습니다. 누군가 나쁜 의도를 가지고 있었던 것은 아닙니다. 누군가 열심히 일하지 않았거나 성과를 못 낸 것도 아닙니다. 각자 자기 기준에서는 성과를 냈지만 회사의 성과로 이어지지 않는 상황, 조직이 한 방향으로 정렬이 안되었을 때의 무서움입니다.

Objective와 Key Result, Initiative까지 설명을 들었을 때, 각 팀마다 자기 팀 OKR을 한두 개씩 가지고 달려나가는 모습을 생각하기 쉽습니다. 마치 망망대해에 OKR 섬이 띄엄띄엄 둥둥 떠다니는 모습이죠. 그러나 제대로 완성된 OKR은 그렇게 개별적으로 존재하는 것이 아니라 서로 연결되어 있습니다. 연결 관계들은 회사가 미션과 비전, 연간 Objective를 달성하기 위해 하위 조직이 어떤 기여를 해야 할지를 나타냅니다.

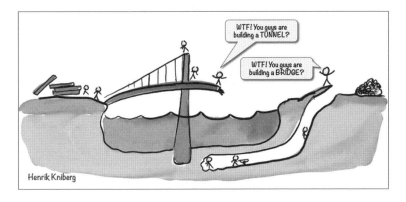

정렬이 안되었을 때의 무서움*

---

* https://blog.crisp.se/2016/05/30/henrikkniberg/misalignment ©Henrik Kniberg via Crisp's Blog

# OKR의
# 레벨

Objective는 조직의 목적지를 나타냅니다. 앞서 회사의 궁극적인 목적지를 미션, 즉 회사가 존재하는 이유 그 자체라고 이야기했습니다. 그래서 미션을 Ultimate Objective라고도 표현합니다. 미션은 마치 북극성처럼 방향을 나타내는 대신 언제까지 달성하겠다는 시간 개념은 없는 반면에, 비전은 시간 개념이 있습니다. 조직이 3년 후, 5년 후에 어떤 모습이 되고 싶은지를 Objective와 Key Result로 나타내죠.

이를 위해 회사가 올해엔 어디를 목적으로 해야 하는지가 회사 차원의 연간 Objective입니다. 여기까지는 회사의 전체적인 방향성을 나타내기 때문에 '전략 OKR'이라고도 부릅니다. 전략 OKR의 하위에는 사업부, 실, 팀 등 하위 조직의 분기별 OKR이 연결됩니다. '회사의 OKR을 달성하기 위해 우리는 어떤 기여를 해야 하는가' 기준으로 말이죠. 각 조직의 OKR은 결국 회사의 전략을 실현하기 위한 것이기 때문에 '실행 OKR'이라고도 부릅니다. 이렇게 연결된 조직 OKR의 Initiative가 구성원들 입장에서는 내가 이번 주에 무엇에 집중해야 하는지를 나타냅니다.

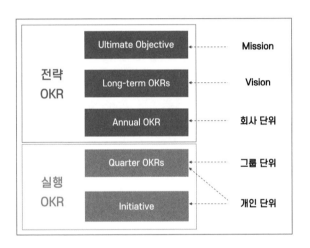

제대로 정렬된 OKR을 Initiative에서부터 거슬러 올라가면, 구성원들은 내가 지금 하는 일이 조직에 어떤 기여를 하는지, 더 나아가 회사의 미션에 어떤 기여를 하는지 알게 됩니다. 그래서 OKR이 'Why를 소통하는 도구'인 것입니다. 저희 팀의 예를 들면 다음과 같습니다.

| | | 2022년 비전 | 2024년 비전 |
|---|---|---|---|
| **Ultimate Objective** | 팀 미션 : 내가 나일수있는삶 내가 나일수있는조직 | | |
| **Long-term OKRs** | O "조직문화를 변화시키는 국내 선도 HR-tech 스타트업이 된다" | "조직문화를 변화시키는 글로벌 HR-tech 스타트업이 된다" | |
| | KR1 얼라인업 사용 기업 수 | 2,000개사 | 5,000개사 |
| | KR2 얼라인업 회원 수 | 100,000명 | 300,000명 |
| | KR3 매출액 | 100억원 | 300억원 |
| **Annual OKR** | O "조직문화 변화의 도구로서 OKR과 얼라인업을 알린다" | | |
| | KR1 얼라인업 50명 이상 유료 고객사 50곳 확보 | KR2 얼라인업 유료 회원 수 5,000명 확보 | KR3 VC 투자 X억 유치 |
| **Quarter OKRs** | O 유료화 가능성이 높고 브랜드 인지도가 있는 고객사를 확보한다 | O 속도와 사용자 편의성이 개선된 얼라인업 프로 버전을 출시한다 | O 비즈니스 성장 속도를 끌어올릴 팀을 구축한다 |
| | KR ・50명 이상 유료 고객사 10곳 ・고객사 미팅 100건 | KR ・1월말 회원가입, 설정 기능 완성 ・3월말 OKR 기능 오픈 | KR ・개발자 5명 채용 ・B2B Sales 2명 채용 |
| **Initiative** | Ini ・보도자료 10건 ・XXX 커뮤니티 홍보글 5건 ・XXX 네이버 까페 홍보글 2건 | Ini ・OKR 기획, 디자인 및 개발 ・1:1 기획, 디자인 및 개발 ・칭찬 기획, 디자인 및 개발 | Ini ・채용 제안 메시지 100건 |

얼라인업의 OKR 예시

저희 팀의 미션은 '내가 나일 수 있는 삶, 내가 나일 수 있는 조직'
입니다. 제가 '조직 문화를 변화시킨다'는 표현을 계속 사용하고 있
는데 그 변화의 궁극적인 지향점이라고 보시면 됩니다. 미션은 시

간 개념이 없고, 비전은 3년과 5년 OKR을 따로 두고 있습니다. '조직 문화 변화의 도구로서 OKR과 얼라인업을 알린다'가 팀 차원의 연간 Objective이고, 여기까지가 전략 OKR입니다. 이 밑에는 실행 OKR로 각 파트가 이번 분기에 무엇을 목표로 해야 하는지, 어떤 Initiative로 OKR을 달성할 것인지가 붙고, 각각 책임자가 지정되어 있죠. 여기까지는 기존의 성과 관리와 크게 다르지 않아 보일 수 있습니다. 다만 실제로 정렬이 어떻게 일어나는지 살펴보면 차이점이 느껴지실 것입니다.

# OKR을
# 정렬하는 방법

OKR 정렬이 어떤 식으로 일어나는지 예를 들어보겠습니다. '사업부-실-팀'으로 이어지는 조직 구조를 가지고 있는 회사에서 실의 OKR을 어떻게 정할지 생각해 봅시다. 실의 OKR을 정하려면 우선 사업부의 OKR이 먼저 필요합니다. OKR의 bottom-up 측면이 많이 회자되다 보니 회사의 방향성과 상관없이 자기들이 하고 싶은 것을 정하는 게 OKR이라고 오해하는 경우가 간혹 있습니다. OKR은 조직을 한 방향으로 정렬시키는 도구입니다. 방향성 하에서 어떻게 기여할 것인지 스스로 정하는 것이지, 아무 맥락 없이 만드는 것이 아닙니다.

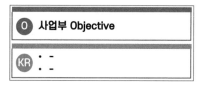

사업부의 OKR을 정했다면, 이제 실의 OKR을 정할 수 있습니다. 실 OKR은 실장이 혼자서 정하기 보다는, 팀장들의 의견까지 반영해서 정하는 것이 좋습니다.

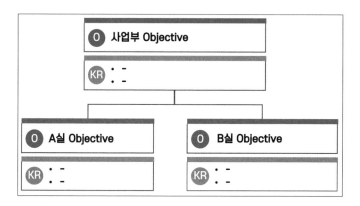

실 OKR 초안을 잡았다면 사업부와 논의를 해야겠죠. 이 단계에서는 사업부와 실의 Objective가 제대로 Align 되어 있는지 봐야 할 뿐만 아니라, A실과 B실의 Objective가 한 방향을 가리키고 있는지 확인해야 합니다. 그리고 이 과정에서 사업부의 Key Result가 일부 수정될 수 있습니다. 사업부 KR이라 해도 실제 그 성과를 내야 하는 사람들은 A실이나 B실 소속일 가능성이 높기 때문에, 실의 의견에 따라 사업부 KR 목표 수준이 조정되거나, 기준이 되는 지표가 변경될 수 있습니다. 하지만 실 OKR 때문에 사업부의 Objective 방향성이 바뀌는 것은 주객이 전도되는 느낌입니다.

이렇게 OKR을 정하는 과정에는 상위 Objective 맥락 하에서 OKR을 정해야 한다는 Top-down 측면도 있고, 어떻게 기여할 것인지 스스로 먼저 정한다는 점에서는 Bottom-up 측면도 있습니다. 거슬러 올라가다 보면 제일 먼저 정해져야 할 것은 회사의 연간 OKR, 그리고 사업부의 분기 OKR이겠죠. 이런 상위 조직 OKR에는 CEO나 전략기획실의 방향성, Top-down 의견이 강하게 반영됩니다. 반면에 실, 팀처럼 점점 하위 조직으로 내려올수록 맥락에서만 벗어나지 않는다면 Bottom-up 의견이 반영되는 비중이 점점 늘어날 수 있습니다. 설명을 듣다 보면 아마 '조직도 모양과 OKR 연결 관계가 비슷하겠구나'하고 다음과 같은 그림을 떠올리실 겁니다.

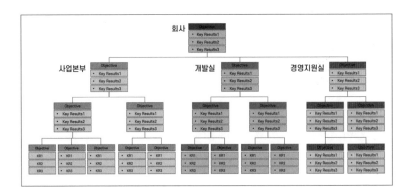

대부분은 이렇게 연결되지만, 전부 그렇지는 않습니다. 잘 생각해 보시면 위 그림에 모순이 있다는 점을 알게 됩니다.

"사업본부 Objective를 달성하는 데 개발실과 경영지원실의 도움이 필요 없다면, 애초에 한 회사로 존재할 필요가 있을까요?"

예를 들어 사업부의 이번 분기 Objective가 공격적으로 매장을 늘리는 것이라 해봅시다. 매장을 어디에 내야 할지 후보지를 물색해 계약하고 실제 매장을 오픈하는 것은 사업부 내 상권팀과 인테리어팀에서 할 수 있겠지만, 매장에서 근무할 점장과 직원들은 인사팀에서 채용해야 합니다. 그래서 조직도의 경계를 넘어 사업부 소속이 아닌 인사팀의 OKR이 사업부 OKR 아래 연결될 수 있습니다. 한편 인사팀은 경영지원본부의 OKR에도 기여해야 합니다. 이렇게 OKR을 연결시키다 보면 자기 본연의 영역에서의 OKR은 원래 조직도상의 위치에 나타나지만, 다른 조직의 도전을 지원하는 OKR은 조직도 다른 곳에 붙어있을 수 있습니다.

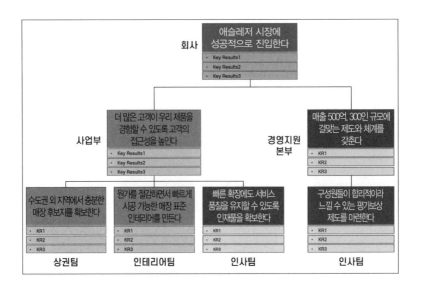

조직 간 협업을 OKR로 나타내는 방법은 몇 가지가 더 있습니다. 방금 보여드린 예시처럼 OKR 밑에 타 부서 OKR이 붙는 것은 양쪽 조직에서 여러 명이 얽혀 있는, 어느 정도 규모가 있는 건을 나타냅니다. 군이 Objective를 별도로 쓸 필요가 없는 작은 규모의 협업은 KR이나 Initiative의 책임자를 타 부서 사람으로 지정해서 표현할 수 있습니다.

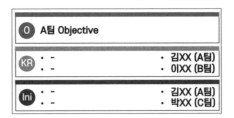

그보다도 작은 규모의 협업은 우리 부서 사람을 책임자로 두되, 협업해야 하는 타 부서 담당자를 기여자로 둘 수도 있습니다. 다만 협업하는 사람이 여럿 있더라도 책임자는 한 명으로 두시는 것을 추천합니다.

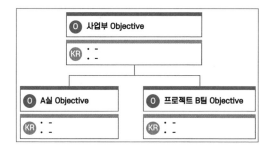

공식적인 조직만 OKR을 만들 수 있는 것은 아닙니다. 특정 전략 과제를 여러 팀 사람들이 함께 프로젝트로 추진하고 있다면, 이런 TF팀도 OKR을 가지고 어딘가에 연결될 수 있습니다.

이렇게 여러 부서의 협업을 나타내는 OKR을 'Shared OKR'이라고 합니다. OKR 자체를 공유할 수도 있고 특정 KR, Initiative만 공유할 수도 있죠. 결국, OKR의 연결 관계는 우리 조직 안에서 일이 어떻게 돌아가고 있는지를 조직도보다 더 정확하게 나타냅니다. 조직도는 누가 누구에게 보고하고, 누가 인사권을 보여 주지만 실제로 일이 되는 모습은 조직도와 일치하지 않습니다.

OKR과 조직도의 또 한 가지 차이점은 OKR의 연결 관계가 조직도상의 상하 관계와 꼭 일치하지 않을 수 있다는 점입니다. 사업부 OKR 아래 반드시 실 OKR이 먼저 오지 않고 팀 OKR이 바로 붙을 수 있습니다. 상황에 따라 팀 OKR 아래 또 다른 팀의 OKR이 붙을 수도 있습니다. 그렇다고 해서 이 두 팀이 서로 상하 관계라는 뜻은 아닙니다. 단지 두 팀이 달성하려는 목적이 한 쪽이 다른 쪽에 기여하는 관계라는 뜻이죠.

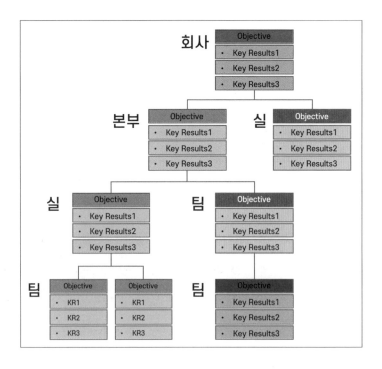

기존의 성과 관리에서는 사업부 목표를 세우는 과정에 다른 부서와 별로 소통할 필요가 없었습니다. 그런데 OKR에서 협업 관계를 나타내려면 OKR을 만들고 정렬시키는 과정에서 타 부서와 적극적인 소통이 필요합니다. 긍정적으로 해석하자면 OKR은 목적을 정하는 과정부터 조직도 경계를 넘어 소통과 협업을 장려합니다. 부정적으로 보자면 'OKR을 정렬시키는 게 귀찮고 복잡하겠구나' 생각이 드실지 모르겠습니다. 실제로 제가 OKR 만드는 법과 정렬시키는 법을 강의하고 나서도 자체적으로 OKR을 연결시키기 어려워하셔서 추가 자문을 해드리는 경우가 많습니다.

조직 간의 협업을 이렇게도 나타낼 수 있다는 방법을 알려드린 것이지, 꼭 이렇게 하셔야 하는 것은 아닙니다. OKR을 처음 만드실 때는 우선 조직도 상하관계를 기준으로 한번 OKR을 연결해 보세요. 어느 순간 '우리가 하는 중요한 일이 빠진 것 같다, 제대로 표현이 안 된다' 하는 것이 생기실 겁니다. 다른 부서의 성과를 도와주는 Objective, 여러 팀이 공동으로 추진하는 프로젝트의 Objective 몇 개만 알려드린 방법으로 표현해 보시면 OKR을 좀 더 의미 있게 활용하시는 데 도움이 될 것입니다.

그리고 OKR을 운영하시다 보면 분기별로 생각보다 내용이 크게 바뀌지 않습니다. 우리가 하는 일들이 대부분 분기 단위로 끊어서 돌아가지 않기 때문이죠. OKR의 연결관계, 그리고 심지어 Objective 문장까지 70~80%는 그대로 유지되고 그 아래 KR의 목표치나 Initiative 내용이 바뀌는 수준일 것입니다. 대규모 조직 개편이 있지 않는 한 뼈대는 잘 바뀌지 않으니, 처음 만드실 때 머리가 좀 아프더라도 두 번째, 세 번째 분기에는 쉽게 OKR을 정렬시키실 수 있을 겁니다.

# 절대
# 하지 말아야 할 것

아쉽게도 국내에 출간된 책들에는 OKR 정렬 이야기가 자세히 나와 있지 않습니다. 답답한 마음에 구글링 하시다 보면, 다음의 이미지를 쉽게 찾으실 겁니다.

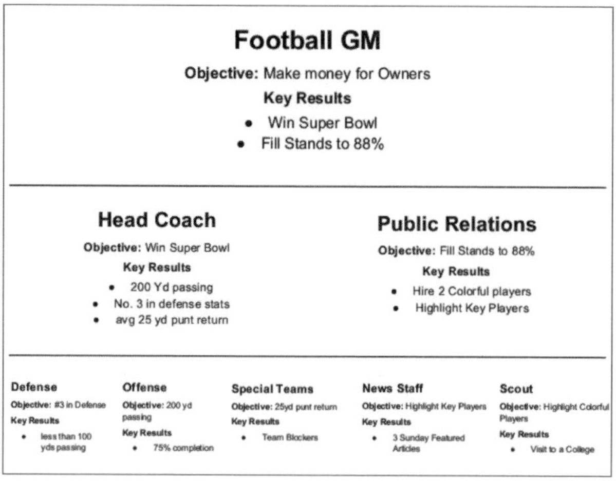

**Football GM**

Objective: Make money for Owners

**Key Results**
- Win Super Bowl
- Fill Stands to 88%

**Head Coach**

Objective: Win Super Bowl

**Key Results**
- 200 Yd passing
- No. 3 in defense stats
- avg 25 yd punt return

**Public Relations**

Objective: Fill Stands to 88%

**Key Results**
- Hire 2 Colorful players
- Highlight Key Players

| Defense | Offense | Special Teams | News Staff | Scout |
|---|---|---|---|---|
| Objective: #3 in Defense | Objective: 200 yd passing | Objective: 25yd punt return | Objective: Highlight Key Players | Objective: Highlight Colorful Players |
| Key Results | Key Results | Key Results | Key Results | Key Results |
| • less than 100 yds passing | • 75% completion | • Team Blockers | • 3 Sunday Featured Articles | • Visit to a College |

위의 그림은 가상의 풋볼팀 OKR 예시입니다. 제일 위에 단장 (General Manager)의 Objective가 있습니다. '구단주를 위해 돈을 번다' 는 Objective부터 그다지 좋은 예시가 아닌 것 같습니다. 회사로 치면 '주주를 위해 돈을 번다'인데, 이런 문장에 구성원들이 동기 부여가 될까요? 이건 그렇다 치고 밑에 KR 두 개, '슈퍼볼에서 우승하기', '관중석을 88% 채우기'가 있습니다.

단장 밑에 하위 조직으로 감독과 홍보가 있습니다. 그런데, 단장의 KR이 감독과 홍보의 Objective가 됩니다. '슈퍼볼에서 우승한다'는 감독의 Objective가 되어있고, 홍보의 Objective는 '관중석을 88% 채운다'입니다. 마찬가지로 감독의 KR은 공격 코치, 수비 코치, 스페셜팀 코치가 Objective로 나눠 갖고, 홍보의 KR은 기자 담당과

스카우트의 Objective가 됩니다.

결론부터 말씀드리면 이건 아주 잘못된 예시라고 할 수 있습니다. Objective는 말 그대로 우리 조직이 도달하고자 하는 목적지가 어디 인지를 나타내는, 사람들에게 영감을 주는 문장입니다. 다만 정성적 인 문장이다 보니 거기에 어느 정도 가까워진 건지 감을 잡기 어렵 고, 구체적인 지표 없이는 사람마다 Objective 문장을 보고 떠올리 는 모습이 조금씩 다를 수 있기 때문에 측정 기준으로 Key Result를 두죠. 그런데 상위 조직의 KR을 하위 조직의 Objective로 둔다? 만 약 여러분 조직의 Objective, 목적으로 '매출 100억 원을 달성한다' 같은 게 쓰여 있으면 여러분은 동기 부여가 되시겠어요? 이럴 거면 왜 OKR을 하는지 모르겠다 생각이 드실 겁니다.

도전과 동기 부여를 위해 OKR은 Top-down과 Bottom-up의 균형을 잘 잡아야 합니다. 여기서 Top-down은, 밑도 끝도 없이 Objective를 정하는 게 아니라 상위 조직의 Objective를 보고, 거기 에 우리는 어떻게 기여할지 Objective를 정하시라는 뜻입니다. 잘 정렬된 OKR은 Objective 문장만 따로 떼어서 읽어도 서로 기여하는 관계가 보여야 합니다. 상위 조직의 KR을 하위 조직의 Objective에 꽂아버리라는 뜻이 아닙니다.

반대로 Bottom-up은 그렇게 만든 하위 조직의 OKR이 상위 조직 의 KR에 영향을 줄 수 있다는 뜻이지, 먼저 하위 조직의 OKR을 만들 어본 다음에 그걸 합쳐서 상위 조직 OKR을 만들라는 뜻이 아닙니다.

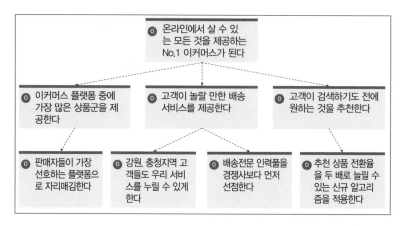

바람직한 Objective 정렬의 예시

그런데 왜 이 풋볼팀 OKR 사례가 인터넷에 많이 보이는가, 바로 존 도어가 들었던 예시이기 때문입니다. 1장에서 설명해 드렸듯이 OKR은 인텔의 앤디 그로브가 처음 이야기했던 개념이고, 인텔 직원이었던 존 도어가 나중에 투자자가 된 다음에 구글에 알려줘서 널리 퍼지게 되었습니다. 그게 1999년인데, 그때 썼던 예시가 이 풋볼팀 OKR입니다. 그리고 2013년에 구글 벤처스의 릭 클라우(Rick Klau)라는 사람이 유튜브에 OKR 강의 영상*을 만들면서 이 예시를 넣습니다. 그때부터 이 예시는 OKR을 Top-down 방식으로 운영하려는 사람들을 위한 아주 좋은 핑계거리가 됩니다. '존 도어가 그랬

---

* https://youtu.be/mJB83EZtAjc

어' 그럼 누가 뭐라고 할 수 있겠어요? 이 예시가 논란이 많다는 걸 알았는지 존 도어 본인도 책*을 내면서 부연 설명을 붙입니다.

---

- 모든 목표가 아래로 흐를 때 OKR은 자칫 기계적이고 수동적인 과정으로 끝나게 된다. 그리고 이에 따른 네 가지 역효과(민첩성 둔화, 유연성 약화, 구성원 소외, 형식적인 연결)가 일어날 수 있다.
- 기업 OKR에 기여하기만 한다면 수직 체계에서 여러 단계를 건너뛸 수 있다. … CEO에서 매니저, 혹은 팀장에서 일반 직원으로 단계를 건너뛸 수 있다.
- 적절하게 설계된 OKR 시스템은 구성원 각자가 개인의 목표와 핵심 결과의 일부, 혹은 전부를 세우도록 자율권을 허락한다.
- 마이크로매니지먼트(Micromanagement)는 곧 미스매니지먼트(Mismanagement)다. 건전한 OKR 시스템은 정렬과 자율, 그리고 공동의 목표와 창조적 도전 사이에서 균형을 찾는다.

---

이렇게 저 풋볼팀 예시가 적절한 사례가 아니었다는 것을 구구절절이 써 놓았는데, 아쉽게도 '그래서 풋볼팀 예시를 다시 쓴다면 어디를 고쳐야 할까'에 대한 그림은 따로 없습니다. 그러다 보니 책을 건성건성 읽은 사람들은 '풋볼팀 예시가 존 도어 책에 여전히 그대로 나온다'고 생각하는 것 같습니다. 참고로 유튜브 영상으로 OKR과 이 풋볼팀 예시를 퍼뜨린 릭 클라우도, 2017년 자기 트위터에

---

* 존 도어, 박세연(역), 『OKR 전설적인 벤처투자자가 구글에 전해준 성공 방식』, 세종서적, 2019.

'만약 내가 영상을 다시 찍는다면 이런 부분들을 좀 보완하고 싶다'
면서 몇 가지 포인트를 올렸습니다.

릭 클라우 트위터 화면

이 중 6번은 개인 OKR은 웬만하면 만들지 말라는 것이고, 8~9번은 제 관점에서 해석하자면 Key Result와 Initiative를 구분하라는 의미입니다. 나머지는 OKR을 심플하게 만들고, 우선순위에 집중하라는 뜻이네요.

OKR 개념이 정리되는데 많은 사람이 기여했고 자세히 들여다보면 글, 책, 영상마다 조금씩 관점 차이가 있습니다. 저도 '원래는 어떻게 하는 거예요?', '어떻게 하는 게 맞는 거예요?' 같은 질문을 많이 받는데, OKR은 수학 공식처럼 '맞다', '틀리다'로 이야기 수 있는 개념은 아닌 것 같습니다. 유명한 사람의 말이라고 해서 꼭 정답이라고 받아들이진 마시고, '이렇게 해봤더니 성과를 내는 데 도움이 되더라' 하는 의견, 주관적인 노하우라고 생각하시면 좋을 듯합니다. 지금 이 글도 마찬가지입니다.

# 개인 OKR이 필요할까?

회사 OKR, 본부 OKR, 실 OKR, 팀 OKR, 계속 내려가다 보면 어디가 끝일까요? 아마 제일 아래 단에는 개인 OKR이 있다고 생각하시는 분들이 많으실 겁니다. 결론부터 말씀드리면 개인 OKR까지 회사 차원에서 관리하는 것은 추천하지 않습니다. 팀 OKR이 있는 상태에서 개인 OKR을 만들게 되면 어떻게 될까요?

### ● 무의미한 중복이 심해집니다

팀원들이 작성한 개인 OKR을 보면 팀 OKR에 있는 내용 일부를 복사해 붙여놓은 게 대부분입니다. OKR의 의미와 취지를 전 직원이 완전히 이해하지 못한 상태라면 조직의 목적 달성을 위한 OKR이 아니라 개인의 자기 개발 목표를 써넣는 사람도 많을 겁니다.

### ● OKR에 대한 부담감이 커집니다

팀원 모두가 OKR을 만들고 관리하는 것에 재미를 느끼는 상황이 아니라면 개인 OKR을 써 내라고 하는 것에 부담감이나 반발심이 생길 수도 있습니다. 무엇보다 사람마다 OKR을 만들게 되면 아무래도 진척도로 그 사람을 평가하는 분위기가 생기면서 원래 취지에서 벗어날 수 있습니다.

### ● 관리 부담이 늘어납니다

50명 정도의 스타트업을 기준으로 했을 때, 경험상 회사 OKR과 사업부 OKR, 팀 OKR까지 만들어 연결시켜도 15개 내외면 충분합니다. 여기에 개인별 OKR을 붙이는 순간 갑자기 OKR이 70개로 불어납니다. 사실상 관리가 거의 불가능합니다.

팀 OKR의 O, KR, Initiative마다 책임자가 누구인지 명시하는 것만으로 조직을 한 방향으로 정렬시키면서 각자의 역할이 무엇인지 표현하는데 충분합니다. 아예 팀 OKR 없이 개인 OKR만 만들어 보겠다고 하시는 회사도 은근히 많습니다. 개인 OKR만 우선 운영해 보다가 익숙해지면 팀 OKR이나 그 상위 레벨 OKR을 만들겠다 하시는 거죠. 이렇게 해도 팀원들을 동기 부여 시키는 의의는 있겠지만, 조직을 한 방향으로 정렬시키기란 어렵습니다. 앞서 OKR 정렬하는 법을 설명할 때도 상위 조직의 OKR이 먼저 정해진 상태에서 거기에 어떻게 기여할지 고민하는 순서로 말씀드렸습니다. Top-down과 Bottom-up이 적절히 균형을 이뤄야 하는데, 맥락 없이 개인 OKR만 각자 만들게 되면 조직의 방향성과 상관없는 OKR이 나올 수 있습니다.

마지막으로 중요한 포인트가 있습니다. 회사 차원에서 개인별 OKR을 관리하지 말라는 것이지, 개인이 자기 동기 부여와 목표 관리를 위해 OKR 만드는 걸 반대하는 게 아닙니다. 오히려 추천합니다. 저도 제 개인 OKR을 가지고 있고, 회사 OKR과는 따로 관리를 하고 있습니다. 저는 건강, 가족, 재무, 신앙 생활 관점의 네 가지 OKR을 가지고 있습니다. 연초마다 여러 가지 방법으로 목표를 세우시는 분들 많을 텐데 OKR을 써 보시는 것도 추천해 드립니다. 조직에서 OKR을 활용할 때와 마찬가지로 내가 되고 싶은 상태(KR)나 해야 할 행동, 들여야 할 습관(Initiative)을 구분해서 생각할 수 있어 도움이 됩니다.

# 실전 OKR 정렬 팁

Q: 회사에 두 개의 서비스가 있고, 각각이 한 사일로(silo)를 이루고 있습니다. 그 밑에 개발, 디자인, 마케팅 등 챕터가 있습니다. 두 서비스가 너무 달라서 공통의 회사 OKR을 두기 어려운데 OKR 정렬을 어떻게 해야 할까요?

A: 우선 회사 OKR이라 해서 꼭 회사 전체를 아우르는 하나의 OKR을 쓰지 않아도 됩니다. 이 케이스에서는 회사 OKR을 사일로당 하나씩 두 개로 쓰시고, 그 밑에 챕터 OKR을 연결하시는 것이 가장 기본 틀이 됩니다.

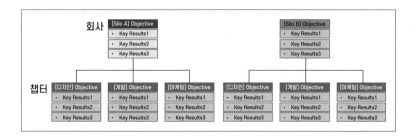

다만 이렇게 하면 피플팀 같이 고객이 회사 내부에 있는 조직은 OKR을 연결할 곳이 없게 됩니다. 이러한 조직을 아우를 수 있는 Objective를 회사 레벨에 하나 더 만들면 깔끔하게 OKR을 표현할 수 있습니다.

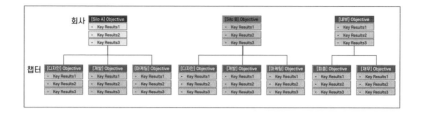

두 서비스 성격이 완전히 다르더라도 공통의 회사 레벨 OKR이 다시 필요해질 수 있습니다. 예를 들어 투자를 유치하고 있다면 '서비스를 성장시키고 구성원들이 일에만 몰입할 수 있도록 충분한 자금을 확보한다' 같은 OKR을 둘 수 있습니다. 이때 OKR을 어떻게 연결시킬 것인지는 두 가지 옵션을 생각할 수 있습니다.

1안)

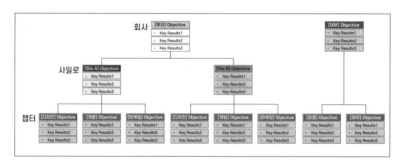

2안)

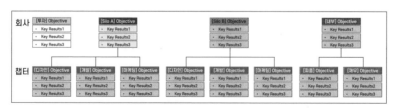

1안은 좀 더 정렬이 깔끔한 것 같지만 층이 하나 더 늘었습니다. 그리고 투자를 받기 위해 서비스를 하는 것인지 목적이 전도된 것 같기도 합니다. 2안은 정렬이 좀 덜 된 것 같지만 레벨은 두 층으로 심플합니다. 둘 중에 뭐가 더 낫다, 또는 정답이 있다고 말할 수 있는 문제는 아니지만, 두 사일로의 장이 따로 있다면 1안을 쓸 것 같습니다. 서비스 개발을 총괄하는 PM(Product Manager), PO(Product Owner)가 따로 있고 대표는 주로 IR을 맡는다면 1안처럼 표현하는 것이 더 명확할 수 있고, 대표가 서비스 개발에 깊게 개입해 있다면 2안을 써도 상관없을 것 같습니다. 다만 이건 제가 자문한 회사에 드렸던 팁이고, 절대적인 기준은 아닙니다.

Q: 회사의 연간 OKR, 조직의 분기 OKR 사이에 다른 구분을 더 넣어도 될까요?

A: 물론 가능합니다. 조직도 1년의 목표를 가지고 싶어할 때도 있고, 회사 차원에서 분기 목표를 세울 때도 있습니다. 특히 조직이 커질 수록 이런 니즈가 생기는 것 같습니다. 일반화하기는 어렵지만, 만나본 곳 중에 '회사가 대표 중심으로 한 방향으로 정렬되어야 한다, 모니터링을 잘해야 한다' 같은 생각이 강한 조직은 회사 분기를 추가하고 하위 조직도 OKR과 별도로 월 (또는 주) 단위 목표를 강조하는 것 같습니다. 반대로 '본부마다 각자 책임지고 경영해라, 본부장에게 권한을 위임한다', 이런 조직은 본부 단에 연간 OKR을 만들어서 마치 독립된 회사처럼 자기만의 장기 목표를 가지고 운영하게 합니다(물론 1년도 그리 장기는 아닙니다).

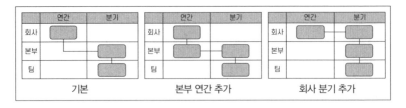

OKR의 추가 구분 예시

다만 층이 많아질수록 OKR이 복잡해지고 업데이트 해야 할 KR, initiative도 많아집니다. 너무 자세하게 표현하려다 자칫 OKR 관리가 귀찮아질 수 있으니 최대한 간단하게 표현하는 것을 추천합니다.

Q: 팀에 파트가 둘 있는데, 하는 일이 전혀 다릅니다. 팀 OKR을 어떻게 만들어야 하나요?

A: 특정 직무를 한 팀으로 묶어 놓았지만 내부에서 하는 일은 전혀 관련이 없는 경우가 있습니다. 예를 들어 법무 검토를 하는 팀이지만 파트마다 담당하는 서비스가 달라 서로 소통할 일이 없는 케이스가 있었습니다. 이럴 때는 업무에 관련된 팀 OKR을 억지로 잡지 않아도 됩니다. 각 파트의 OKR은 본인들이 담당하고 있는 서비스 조직의 OKR 아래로 정렬하시고, 팀 OKR은 해당 직무의 채용이나 역량 개발 관련된 OKR을 잡으실 수 있습니다. 팀 레벨에서 진행하는 채용이나 교육 관련 업무가 없다면 이 마저도 쓰기 어렵겠죠.

자문했던 가장 특이한 케이스는 연구소였습니다. 팀마다 서로 다른 계열사의 신제품 출시를 준비하고 있어 연구소 공통의 목적이라고 할 게 거의 없었습니다. 연구원들의 Key Result도 대부분 '언제까지 어떤 기술을 적용한 무슨 제품을 개발한다'이고, 해당 제품이 어느 정도 성과를 내는지는 연구소보다 실제 제품을 출시, 유통하는 계열사의 몫이 훨씬 컸죠. 이런 경우에도 마찬가지로 연구소 차원의 OKR은 주로 채용이나 역량 개발 쪽으로 잡으시고, 서로 다른 계열사를 담당하는 조직들의 연구 OKR을 아우르는 상위 OKR을 굳이 잡으실 필요는 없습니다. 실제로도 일이 그렇게 흘러가지 않으니까요.

# Objectives and Key Results

# OKR
# 운영과 관리

# 두 가지 기준:
# 진척도와 자신감 지표

OKR을 강의해 주고, 작성한 OKR에 피드백까지 따로 드렸던 고객사에서 한 달 정도 지나 연락을 받았습니다. OKR을 열심히 만들었는데 회사의 일하는 방식이 예전과 바뀐 게 없다, 우리가 뭘 잘못하고 있는지 알려 달라는 질문이었습니다. 역으로 두 가지 질문을 드렸습니다. "OKR과 함께 1on1을 하고 계시나요?", "팀이 OKR은 얼마나 자주 들여다보고 있나요?" 1on1은 한 번도 한 적이 없었고, 더 놀라운 건 한 달에 한 번 각자 시스템에 접속해 진척도를 업데이트 하는 게 OKR 관리의 전부였습니다.

OKR은 마법의 주문이 아닙니다. 아무리 열심히 만들어도 한 달에 한 번 점검하는 것으로 회사 문화가 바뀌지 않습니다. 제가 가장 답답할 때가 OKR을 만든 다음에 정작 주간 회의는 OKR을 안 보면서 하시는 경우입니다. 조직을 한 방향으로 정렬시키고, 내야 할 성과에 집중하기로 그렇게 이야기 해놓고 왜 주간 회의는 '저번 주에 뭐했어? 이번 주에 뭐할 거야?'를 못 벗어날까요?

OKR 주간 회의를 하려면 우선 사전 준비가 필요합니다. 얼라인업 같은 OKR 관리 시스템이든 구글 시트나 노션이든 팀 OKR을 관리하는 곳에 본인이 담당한 Key Result, Initiative의 현재 상태가 어떤지 미리 입력해 두어야 합니다. 이때 사용하는 지표가 진척도와 자신감 지표입니다.

진척도는 말 그대로 KR, Initiative가 지금까지 얼마나 진척되었는지를 나타냅니다. 매출 같은 정량 지표는 현재와 목표치 수치가 있을 테니 진척도가 바로 나오겠죠. 정성적인 KR이라면 '부장님 보고까지는 끝났고 실장님 보고가 남았으니 70% 정도 된 것 같다'처럼 나름의 이유를 들어 정성적으로 입력하시면 됩니다. Initiative도 마찬가지로 '홍보 글을 5개 올린다', '잠재 고객 30곳에 소개 자료를 보낸다' 같은 형식이라면 몇 퍼센트 진척되었는지 계산할 수 있겠죠. 하지만 정량화할 수 없는 행동이 더 많기 때문에 몇 퍼센트 정도 되었는지 정성적으로 입력하는 경우가 더 일반적입니다.

Objective에도 진척도가 있습니다. 다만 Objective의 진척도는 따로 입력하는 게 아니라, Key Result의 진척도에 따라 결정됩니다.

Key Result의 정의 자체가 Objective를 측정하는 기준 지표이기 때문입니다. 따라서 Key Result의 진척도 평균을 Objective 진척도로 두시거나, 조금 더 정교하게 운영하신다면 Key Result마다 가중치를 두어 Key Result 진척도 가중 평균을 Objective 진척도로 쓰실 수 있습니다.

만약 Key Result의 진척도 평균(또는 가중 평균)과 Objective의 진척도가 차이가 크다고 느끼신다면 Objective 달성 여부를 알 수 있는 좀 더 나은 Key Result는 없는지 고민해 보셔야 합니다. 물론 이론과 실제는 차이가 있기 때문에 Key Result가 달성되지 않았는데 Objective가 달성되거나, 반대로 Key Result를 달성했는데 Objective가 달성되지 않는 경우가 생길 수 있습니다만, 이건 어디까지나 예외 상황이어야 합니다.

Objective 진척도는 연결된 Key Result 진척도를 따라가지만, Key Result와 Initiative의 진척도는 별개입니다. O나 KR을 달성하기 위해 하는 행동이 Initiative이지만 이건 가설일 뿐입니다. 행동을 한다고 성과가 따라온다는 보장도 없고, 실제 성과가 나더라도 시점 차이가 있습니다. 그래서 A라는 KR을 위해 B라는 Initiative를 했더라도, B의 진척도와 A의 진척도는 각각 따로 입력해야 합니다. 둘은 수식으로 계산되는 관계가 아닙니다.

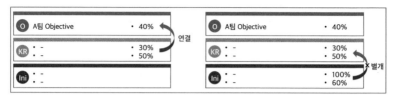

O, KR, Initiative 진척도의 관계

진척도 외에 한 가지 더 활용할 수 있는 것이 자신감 지표입니다. 자신감 지표는 이번 분기가 끝날 때까지 내가 이걸 해낼 자신감이 어느 정도인지를 나타냅니다. 간단하게 '상', '중', '하' 세 단계로만 표시해도 충분합니다. 마찬가지로 KR에도 자신감 지표가 있고, Initiative에도 자신감 지표가 있죠. 자신감 지표와 진척도는 관계가 있으면서도 서로 별개입니다. 이미 진척이 많이 되었다면 자신감이 높을 수 있겠지만 혹시 거기가 한계라고 느낀다면 자신감이 낮아질 수도 있겠지요. 반대로 진척도가 낮더라도 애초에 분기 말 한 번에 진척이 될 내용이라면 자신감이 높을 수도 있을 것입니다.

# OKR 논의의
# 진행 순서

OKR 진척도와 자신감 지표는 매주 회의 전에는 입력이 되어야 하고, 진척이 있을 때마다 수시로 업데이트하는 것을 추천해 드립니다. 그래야 OKR을 한 번이라도 더 생각할 테니까요. 입력이 다 된 후에 OKR 미팅은 'OKR 순서'대로 진행하시면 됩니다. 팀마다 책임지는 OKR이 하나에서 많으면 서너 개가 있을 텐데, Objective마다 연결된 Key Result와 Initiative 담당자들이 순서대로 발언하면 된다는 뜻입니다. 의사 결정이나 다른 사람의 도움이 필요한 부분에서는 자연스럽게 끼어들어 대화하시면 됩니다.

| 팀장: | 첫 번째 O "고객이 먼저 알아보는 브랜드가 되자"부터 이야기합시다. 우선 유튜브 구독자 10만 명 KR은 이번 주가 7만 5,870명이네요. |
|---|---|
| 팀원 A: | 지난주까지 광고비를 하루에 5만 원씩 썼었는데, 증가세가 주춤해서 6만 원으로 늘려볼까 고민하고 있어요. |
| 팀장: | 중요한 채널이니 투자할 만한 가치가 있을 것 같아요. 이번 주 그렇게 해보시고, 다음 주에 광고비를 더 올릴지 내릴지 결정하죠. |
| 팀원 B: | 두 번째 KR 인바운드 문의 건수는 지난주까지 45건이 있었고, 이번 분기 120건은 달성할 수 있을 것 같아요. |
| 팀원 C: | 지난주 문의 온 11개 고객 중에 A, B, C사는 이번 주에 미팅 예약을 잡았습니다. 특히 A사는 우리 제품에 관심이 많아요. 그런데 미팅 전에 소개 자료 이미지를 업데이트했으면 좋겠어요. |
| 팀원 D: | 안 그래도 소개 자료 이미지들이 브랜드 Look&Feel이랑 안 맞아 보였어요. 수정사항 알려주시면 제가 작업할게요. Initiative로 새로 추가해 놓겠습니다. |
| 팀장: | 그럼 두 번째 Objective로 넘어가 봅시다. ... |

바람직한 대화 진행 예시

OKR 순서와 대비되는 미팅 진행 방식이 '사람 순서'로 대화하는 겁니다. 다음과 같은 방식이죠.

| 팀장: | 김 대리는 이번 주에 뭐할 건가요? |
|---|---|
| 김대리: | 네, 저는 지난주에 쓰던 영업전략 보고서 마저 쓰고 수요일쯤 보고 드리겠습니다. |
| 팀장: | 이 대리는? |
| 이대리: | 다음 주 페이스북 프로모션 계획 짜고 있어요. |
| 팀장: | 수정 씨는? |
| 수정씨: | 저는 지난주 홈페이지로 문의 온 고객들 전화 돌리고 미팅 예약 잡고 있습니다. |

추천하지 않는 대화 진행 예시

두 미팅이 전혀 달라 보이지 않나요? 과장되게 표현하자면, 전자는 '일이 되기 위해서 어떤 도움이 필요하고 무엇을 의사 결정 해줘야 하는가'의 관점이고, 후자는 '우리 팀에 별 하는 일 없이 놀고 있는 사람은 없는가'의 관점입니다. 여러분은 어떤 관점의 주간 회의를 하고 계신가요?

팀이 같이 OKR을 놓고 미팅할 때에는 진척도 역시 중요하지만 자신감 지표가 더 중요하다고 말씀드리고 싶습니다. 분기 초 주간 회의 시간에 한 팀원의 KR 진척도가 30%이고, 다른 팀원의 진척도가 50%였다고 합시다. 그럼 50%인 사람이 더 잘하고 있는 걸까요? 30%인 직원은 문제가 있는 걸까요? 애초에 KR을 설정할 때부터 난이도에 차이가 있던 건지, 아니면 30%인 KR은 원래 분기 말에 숫자가 확 올라가는 지표인지, 사실 진척도 숫자만 가지고는 알 수 있는 게 많지 않습니다. 분기가 며칠 안 남았다면 진척도가 좀 더 의미가 있겠지만, 그때는 문제가 있어도 이미 늦었을 겁니다. 그리고 자꾸 진척도를 지적하는 대화가 오간다면 사람들은 점점 도전적이지 않은 목표를 세우게 되겠죠.

그런데 자신감 지표가 '중'이나 '하'로 되어 있다면 어떨까요? 자신감 지표는 어디서 계산되어 나오는 지표가 아닙니다. Key Result나 Initiative의 책임자가 자기 스스로 판단해서 입력하는 것이죠. 거기에 '중'이나 '하'를 쓴다는 것은 내가 지금 뭔가에 막혀 있고 도움이 필요한 상태라는 뜻입니다. 이번 주간 회의 시간에 여기에 대해 팀이 같이 고민해 봤으면 좋겠다고 신호를 보내는 것입니다. 따라서 회의를 하실 때 자신감 지표가 낮은 것들 위주로 어떤 도움이 필요한지, 무엇을 해결해줘야 하는지, 리더가 다른 팀과 무엇을 소통해줘야 하는지 논의하시는 것이 좋습니다.

OKR 회의는 주 단위로 하시는 것을 추천하고, 적어도 2주에 한 번은 보셔야 합니다. 월에 한 번 보는 수준이 되면 OKR에 대한 집중도가 확 떨어지고, 우선순위 없이 그때그때 들어오는 일을 쳐내는 식으로 일하게 됩니다.

참고로 방금 설명드린 부분은 'OKR 논의를 어떻게 진행하면 좋은지'만 이야기한 것이고, 실제 주간 회의는 앞뒤로 내용이 좀 더 붙겠죠. 회사 차원의 전달사항이 있을 수도 있고, 이번 주의 중요한 일정이나 업무에 대해 좀 더 깊게 이야기하는 시간이 추가될 수도 있습니다. 저희는 미팅 시작할 때 각자 업무 외적으로 어떤 일들이 있었는지 나누는 체크인 시간을 갖습니다. 서로에 대해 인간적으로 알아가기 위해 주말에 짧은 여행을 다녀왔다든지, 가족 중 누군가 아프다든지, 자녀와 함께 놀았던 이야기를 합니다. 어떤 회사는 한 주간의 감사 제목을 나누며 주간 회의를 시작하는 곳도 있다고 들었습니다.

그리고 저희는 OKR 주간 회의와 함께 리뷰 회의와 스탠드업 미팅을 운영합니다. 리뷰 회의는 OKR을 통해 만들어낸 결과물을 팀과 공유하는 시간입니다. OKR 회의가 무언가 의견을 주고받고 말하는 자리라면, 리뷰 회의는 실제 결과물을 보여 주는 자리입니다. 디자이너가 한 주간 작업한 시안을 보여 주며 팀의 의견을 들을 수도 있고, 개발자가 짠 코드가 실행되는 것을 시연할 수도 있습니다. 이 시간을 통해 실제 진도를 확인하고 피드백을 주고받기도 하지만, 성취한 것을 자랑하고 칭찬과 격려가 오가면서 팀원들이 동기 부여되는 것이 더 중요합니다. 리뷰 회의는 매주 하는 것은 아니고 누군가 공유할 결과물이 있을 때만 진행하고 있습니다.

스탠드업 미팅은 말 그대로 서서 그날그날 할 일에 대해서 짧게 공유하는 자리입니다. 아까 예시로 들었던 '사람 순서'로 진행하고 있고, 15분에서 20분 안에 끝내려 노력합니다. 이렇게 할 수 있는 이유는 월요일에 이미 'OKR 순서'로 회의를 가졌기 때문입니다. 팀의 우선순위에 대한 이야기를 이미 그 시간에 했기 때문에 화요일부터는 오늘 내가 집중할 Initiative는 무엇인가 각자 짧게 공유하면서 하루를 시작하고 있습니다.

다음으로 설명드릴 1on1까지 하면 저희는 다음과 같은 리듬으로 팀 일정이 진행됩니다. 이건 참고로만 보시고 여러분 조직에 맞는 방식을 찾으시면 됩니다. 저희도 지금보다 팀 규모가 더 커지면 일정과 주기가 달라져야 할 겁니다.

| 월 | 화 | 수 | 목 | 금 |
|---|---|---|---|---|
| 주간회의 | standup | standup | standup | standup |
|  |  |  |  | 리뷰 |
|  |  |  |  | 1:1 |

얼라인업 팀의 미팅 일정

# OKR 분기 리뷰와
# 다음 분기 OKR 설정

이렇게 OKR을 운영하시다 보면 한 분기가 금방 지나가게 됩니다. 분기를 마무리하실 때 분기 OKR도 리뷰를 하시게 되는데, 리뷰를 하는 가장 큰 이유는 구성원들이 한 분기 동안 배우고 성장한 내용을 나누고, 얻은 성과를 자랑하면서 동기를 부여받기 위함입니다. 또 지난 분기 OKR을 피드백하며 인사이트를 얻고, 이를 활용해 다음 분기 OKR을 만드는 목적도 있습니다. 분기 리뷰에 포함되면 좋을 내용을 소개해 드릴텐데, 그 전에 몇 가지 사전 준비가 필요합니다.

## | 사전 준비

제가 다니던 직장에서는 매월 마지막 주 금요일에 OJM(Off the Job Meeting)이라는 이름의 피드백 미팅이 열렸습니다. 사무실을 떠나서 종일 하는 미팅이니 어디 연수원 같은 데서 하나 싶겠지만, 회사에서 버스 한 시간 거리의 교외 물류 창고에 갇혀서 진행하는 회의였습니다. 아침 8시 회사 앞에 모인 과장급 이상 직원들이 관광버스 네다섯 대에 나눠 타고 물류 창고에 도착하면, 바로 공지사항 전달과 함께 작성해야 할 피드백 보고서 양식을 설명해주고 하루 일정이 시작되었습니다. 한 브랜드씩 불려 가서 임원들에게 깨지는 동안 나머지 브랜드들은 머리를 쥐어짜며 보고서를 쓰고 있었죠. 대중교통도 없을뿐더러 물류창고 반경 1km 안에는 정말 아무것도 없어서 브랜드마다 미리 과자와 간식을 바리바리 싸가지고 가던 기억이 납니다.

OKR 분기 리뷰도 어쨌든 '리뷰'이기 때문에 자칫 잘못하면 실적 점검처럼 무거운 분위기가 될 수 있습니다. 이를 막기 위해 우선 네이밍부터 고민해 보셨으면 좋겠습니다. 실제로 'OKR 데이', 'OKR 파티', '올핸즈(all hands) 미팅', '그로스(Growth) 파티' 등 다양한 명칭이 쓰이고 있습니다. 그냥 '분기 OKR 리뷰 미팅'보다는 구성원들이 기대하는 마음으로 참석할 수 있는 이름을 지어 보시길 추천합니다.

진행 장소도 영향이 큽니다. 어쩔 수 없이 딱딱한 회의실에서 진행해야 한다면, 약간의 데코레이션과 간식 공세가 큰 도움이 됩니다. 맥주 한잔하면서 진행하는 경우도 많고요. 진행 순서에 따라 BGM도 적절히 활용하시면 좋습니다. 참고로 비바리퍼블리카(토스)도 반기마다 한 번씩 '얼라인먼트 데이'라는 이름으로 전사 OKR 리뷰를 진행하고 있습니다. 블로그*에 있는 사진들을 보시면 어떤 분위기에서 진행하면 좋을지 감이 오실 겁니다.

OKR 리뷰 파티를 진행 중인 회사 예시

## | 각 팀의 이번 분기 결과물 공유

이 시간의 가장 핵심은 분기 동안 얻은 성과를 발표하면서 팀들이 스스로 동기 부여되는 것입니다. 한편으로는 OKR에서 글로만 보던 다른 팀들의 결과물을 실제로 보면서 조직 내 이해도를 높이는

---

* blog.toss.im/article/toss-alignmentday

효과도 있죠. 각 팀은 아래와 같은 내용이 담긴 간단한 자료를 사전에 준비해서 팀당 10분 내외로 구성원들 앞에서 발표합니다. 무조건 모든 팀이 발표해야 하는 것은 아니고, 처음엔 원하는 팀만 발표하고 분기가 지날수록 참여도를 높이는 것도 괜찮습니다.

- 이번 기간에 달성하고자 한 Objective, Key Result는 무엇이었나요?
- OKR을 달성하기 위해 어떤 Initiative를 시도했나요?
- 어떤 성과를 얻었나요? 숫자나 수치가 아니라, 결과물 (매뉴얼, 고객사 감사 카드, 개발된 앱 화면, 이벤트 진행 사진 등)을 보여 주세요.
- 누가 어떤 기여를 했나요? 공개적으로 칭찬해 주세요.
- 과정에서 어떤 인사이트를 배웠나요?

혹시 팀이 너무 많아서 구성원들이 지루해할 것 같다면 투표를 진행해봐도 좋습니다. 그리고 많은 표를 받은 팀에게 시상식과 함께 커피 쿠폰 같은 상품을 주시면 어떨까요? 성과가 좋은 팀도 물론 시상을 해야 하지만, 이럴 경우 좋은 성과를 못 낸 팀에서 발표 참여를 부담스러워할 수도 있습니다. 목표로 한 성과가 안 났더라도 좋은 인사이트를 배웠다면 그런 팀도 같이 시상해 주는 것을 추천드립니다. 다만 어디까지나 서로 격려하고 축하하는 자리가 되어야지 팀들끼리 서로 경쟁하는 분위기가 되거나 발표 자료 꾸미는데 너무 시간을 낭비하지 않도록 주의하셔야 합니다.

| | 1 | 2 | 3 |
|---|---|---|---|
| 가장 좋은 성과를 낸 팀은 어디인가요? | | | |
| 배운 인사이트가 가장 훌륭한 팀은 어디인가요? | | | |

투표 용지 예시

## | 팀별 OKR 피드백

여기서의 피드백은 진척도에 대한 피드백이 아니라 '지난 분기 OKR을 제대로 세운 게 맞는지'에 대한 피드백입니다. OKR은 애초에 도전적인 목표를 강조하기 때문에 달성률이 낮다고 무조건 잘못됐다고 보기는 어렵습니다. 대신 OKR 자체를 잘못 세웠다면 문제겠죠. OKR을 제대로 세웠는지 팀이 함께 회고해 보려면 다음과 같은 질문을 놓고 대화해 보시면 좋습니다.

- 영감을 주고 동기 부여하는 Objective였는가?
- Objective가 정말 이번 분기의 우선순위였는가?
- 도전적이되 아예 포기하고 싶지는 않은 KR이었는가?
- Initiative가 OKR을 달성하는 데 도움이 되었는가?
- 나는 정말 OKR에 시간을 썼는가?

OKR에 대한 피드백을 마치셨다면 여기서 얻은 인사이트를 다음 분기 OKR 설정하실 때 활용하시면 됩니다.

## | 다음 분기 OKR 설정

팀별로 다음 분기 OKR을 설정하는 시간입니다. 엄밀히 말하면 OKR 분기 리뷰는 아니니 순서를 분리해서 다른 날 진행하실 수도 있습니다. 이 시간에 의미 있는 논의가 진행되려면 만들려는 OKR 보다 상위 OKR들이 미리 어느 정도 정의가 되어 있어야 합니다. 예를 들어 각 팀별로 OKR을 만드는 시간을 주려면 그 위 실이나 전사 OKR을 먼저 설명해줘야 맥락 안에서 다음 분기 팀 OKR을 세울 수 있습니다.

사무실에서 팀 OKR을 만들 때는 우선 팀장들이 모여서 초안을 만들고 서로 이야기할 시간을 주고, 자리로 돌아가서 팀원들과 논의해보고, 다시 모여서 확정하는 식으로 진행합니다. 만약 사무실이 아닌 다른 장소(연수원, 카페, 펜션 등)에서 진행하시려면 반대로 팀장들이 먼저 팀원들의 의견을 들어보고 모이시는 것이 진행에 도움이 됩니다.

각각에 얼만큼의 시간이 걸리는지 참고하실 수 있도록 OKR 자문 고객사에서 얼마 전 실제 진행했던 시간표를 조금 각색하여 보여드립니다. 참고로 전 직원 50명, 팀장급 약 15명 정도의 조직이었고, 전사 연간 OKR이 있는 상태에서 사업부 OKR을 정하는 것을 목표로 했습니다. 사업부 아래에도 팀이 있는데 시간 관계상 팀 OKR까지 그날 만들지는 못했습니다.

| 시간 | 내용 | 진행 |
|---|---|---|
| 11:00~11:15 | Ice Breaking - 올해의 감사 제목 나누기 | 인사팀 |
| 11:15~11:45 | 팀별 OKR 결과 발표 + 투표 | 각 팀장 |
| 11:45~12:00 | 2020 Q4 OKR 리뷰 파티 시상식 | 인사팀 |
| 12:00~13:30 | 점심 식사 | |
| 13:30~13:45 | 2020 Q4 전사 OKR wrap-up | 대표님 |
| 13:45~14:15 | 2020 Q4 OKR 인사이트 논의 | 인사팀 |
| 14:15~14:30 | 2021 연간 전사 OKR 소개 | 대표님 |
| 14:30~15:30 | 2021 사업부 Q1 OKR 만들기 | 사업 리더 |
| 15:30~16:00 | 2021 Q1 사업부 OKR 발표 및 확정 | 사업 리더 |

OKR 리뷰 파티 진행 시간표 예시

OKR을 처음 도입하시는 상황이라면 지난 분기 리뷰 시간이 안 드는 대신에 다음 분기 OKR 만드는 시간을 더 여유 있게 잡아 두셔야 합니다. 각 팀 OKR 세우는 시간도 오래 걸리지만, OKR을 처음 정렬시킬 때 생각보다 많은 시간이 소요되기 때문입니다. '전사 연간 OKR' 아래 '전사 분기 OKR'을 두고 '팀 분기 OKR'을 둘지, '전사 분기 OKR' 대신 '팀 연간 OKR'을 둘지, 중간에 '사업부 분기 OKR'이 필요할지, 팀장들과 모여서 이야기하기 전에 초안은 잡아 놓겠지만 막상 논의 중에 정렬 구조를 바꾸게 되는 경우가 많습니다. 다만 한 번 제대로 정렬시키고 나면 그다음 분기부터는 정렬 구조가 크게 바뀌지 않기 때문에 시간을 단축할 수 있습니다.

# OKR 도입 실무자 인터뷰: 대한항공 IT전략실 직원업무IT팀 이재선 팀장

## | OKR을 도입하게 된 계기

부서 내 업무 진행에 있어 팀 간, 담당자 간 소통과 협업이 부족하여 목표 달성에 크고 작은 문제가 있었습니다. 또한 조직의 성과가 운영 업무 중심으로 구성되어 있어 대내외 변화를 반영하는 혁신 업무 수행에 한계가 있었습니다.

이에 조직의 목표와 팀별 목표를 정렬시키고 구성원들이 운영뿐만 아니라 혁신 업무에 대한 소기의 목표를 달성하기 위한 여러 가지 성과 관리 방법을 검토한 후, 적용 개념이 쉽고 목표 지향적인 과제 관리, 구성원 간의 소통과 협업이 가능한 OKR을 도입하게 되었습니다.

## | OKR을 도입할 때 고민됐던 부분

OKR 도입 시 사전 검토를 통해 OKR에 대한 기본 정보를 얻었지만, 정보가 축적될수록 OKR 개념 자체보다는 어떻게 조직원들이 조직 목표와 정렬된 하위 목표를 달성할 수 있게끔 운영을 해야 하는지가 관건이었습니다.

이는 OKR을 통한 조직 문화(소통, 협업 등)의 조속한 안착을 위한 변화 관리 성격이 강했으며, 결국 장영학 대표님의 코칭을 통해 어느 정도 방향을 잡을 수 있었습니다. 운영은 변화 관리이기 때문에 OKR을 도입한 지금도 주기적인 설문 등을 통해 구성원들의 의견을 듣고 OKR이 생활화될 수 있도록 지속해서 모니터링하고 있습니다.

## | OKR을 도입하고 나서 조직의 달라진 점

팀원 간 소통 및 협업에서 이전과는 다른 조직 문화를 보여 주고 있습니다. 팀별 주 2회에 걸친 OKR 미팅을 통해서 팀 내 주요 목표에 대한 이슈, 협업 과제들을 공유하고 있으며, 팀원들 간의 칭찬하기를 통해서 서로에 대한 이해의 폭을 넓히는 계기가 되고 있습니다.

OKR은 단순한 성장형 목표 개발 개념이 아니라 새로운 조직 문화입니다. 새로운 조직 문화를 적용하고 생활화하기 위해서는 왜 OKR을 운영해야 하는지에 대한 반복적인 목적 의식 강화와 구성원들의 목소리를 듣고 개선하는 것이 중요하다는 생각입니다.

## | OKR을 도입하고 나서 고민되는 부분

OKR은 혁신 업무 중심의 도전적 과제의 목표 달성을 추구하는데 일선 현장의 혁신 업무 도출 어려움 및 조직적 지원의 한계로 아직까지는 필수 업무 중심으로 OKR을 운영할 수밖에 없는 현실입니다. 향후 혁신 업무 중심으로 OKR이 구성되고 실현될 수 있도록 많은 고민이 필요해 보입니다.

Objectives and Key Results

# OKR을 살리는
# CFR

# 리더가 나눠야 할
# 커뮤니케이션

OKR은 성과 관리를 위한 도구입니다. 갑자기 새삼스럽게 왜 이 이야기를 할까요? 성과 관리의 정의가 무엇인지 다시 한번 살펴봅시다.[*]

---

Performance management is an ongoing process of communication between a supervisor and an employee that occurs throughout

---

[*] Berkeley People&Culture, Performance Management: Concepts & Definitions © hr.berkeley.edu

the year, in support of accomplishing the strategic objectives of the organization. The communication process includes clarifying expectations, setting objectives, identifying goals, providing feedback, and reviewing Results.

---

- 좋은 성과 관리에서는 관리자와 직원 간의 소통이 일 년 내내 지속적으로 이루어집니다.
- 좋은 성과 관리는 조직의 전략적 목표를 달성하기 위해 필요합니다.
- 관리자와 직원 간에는 기대를 명확히 표현하고, 목적(Objective)과 목표(Goal)를 설정하며, 피드백을 제공하고, 성과를 검토하는 대화를 나눠야 합니다.

두 번째 포인트에서 알 수 있듯이 조직의 전략적 목표는 OKR을 통해 제시하고 주간 회의를 통해 관리할 수 있습니다. 그런데 관리자와 직원 간의 지속적인 소통, 좀 더 구체적으로는 목표 설정과 피드백, 성과 검토에 대한 대화는 주간 회의만으로는 부족합니다. OKR에서는 팀이 나눠야 할 소통을 묶어서 CFR(Conversation, Feedback, Recognition)이라고 표현합니다.

# Conversation
## - 1on1 대화

『평가제도를 버려라』 저자 팀 베이커(Tim Baker)는 리더가 팀원들과 1on1로 나눌 대화 주제로 '5가지 대화 시스템'을 제시합니다.

1. **분위기 평가 대화:** 일터의 현재 분위기를 파악하는 대화로, 팀원의 직무 만족도, 사기, 의사소통 등을 주제로 합니다.

2. **강점과 재능 대화:** 팀원들이 어떤 강점을 가지고 있는지, 어떤 역할, 직무, 프로젝트를 맡으면 그 강점을 발휘할 수 있을지 이야기합니다.

3. **성장 가능성 대화:** 팀원 개인의 시각에서 자신의 성과를 개선할 방안에 대해 논의합니다.

4. **학습과 발전 대화:** 팀원이 어떤 커리어 목표를 가지고 있고, 무엇을 배우고 싶어 하는지 이해합니다.

5. **혁신과 지속적인 개선 대화:** 팀원, 또는 팀 전체 입장에서 더 효과적으로 일할 수 있는 아이디어(프로세스 개선 등)를 찾아봅니다.

이러한 다섯 가지 대화에서 리더의 역할은 통제하는 것이 아니라 돕고 안내하는 것입니다. 주제에 대해 리더의 생각을 일방적으로 전달하지 말고 팀원이 먼저 고민해보고 자기 생각을 말할 기회를 주어야 합니다. 부담스러운 평가 느낌보다는 편안한 대화가 되는 것이 중요합니다. 이 대화 시스템에 OKR 목표 수립과 피드백을 더해 일곱 번의 대화 질문을 정리해 보았습니다. 7회차로 정리한 이유는 대략 2주에 한 번씩 대화를 나눌 경우 분기 사이클이 되기 때문입니다.

| 주제 | 질문 |
|---|---|
| 1. 목표 | 앞으로 3개월 동안 누구에게 어떤 가치를 주는 것이 목표인가요? (O)<br>본인의 성과를 무엇으로 증명할 수 있나요? (KR)<br>성과를 내기 위해 어떻게 접근할 건가요? (Initiative) |
| 2. 몰입 | 현재 맡은 업무에 대한 몰입도는 1~5점 중에 어느 정도 수준인가요? 이유는 무엇인가요?<br>몰입도를 올리기 위해 제가 어떤 부분을 도와주면 좋을까요? |
| 3. 강점과 재능 | 본인에게 어떤 강점, 재능이 있다고 느끼나요?<br>현재 맡은 업무에서 강점을 충분히 활용하고 있나요?<br>본인의 강점을 더 잘 발휘할 수 있는 업무는 어떤 것이 있을까요? |

| 4. 성장 | 업무를 진행하면서 본인이 부족하다 느끼는 영역은 무엇인가요?<br>성과를 개선하려면 어떤 노력이 필요할까요? |
|---|---|
| 5. 학습과 발전 | 어떤 커리어 목표를 가지고 있나요? 그것을 위해 무엇을 배우고 있나요?<br>배우고 싶은 영역을 위해 제가 어떤 기회를 주면 좋을까요? |
| 6. 혁신과 개선 | 현재 맡고 있는 업무를 더 효과적으로 할 수 있는 아이디어가 있나요?<br>우리 조직의 일하는 방식 중에 비효율적이라고 느끼는 부분이 있나요? |
| 7. 피드백 | 지난 3개월 동안 진행한 업무에 대해 잘한 점과 아쉬운 점은 무엇인가요?<br>업무를 진행하면서 어떤 점을 새롭게 배웠나요? |

1on1 대화 질문 예시

팀원과 1on1 일정 약속을 잡을 때부터 먼저 대화 주제와 질문을 정하고 미리 생각해보게 한 후에 진행하는 것이 좋습니다. 1번 첫 번째 '목표'는 아무래도 분기 초, 7번 마지막 '피드백'은 분기 말에 하는 것이 좋겠지만 나머지는 꼭 순서대로 해야 하는 것은 아닙니다. 저는 제가 특별히 하고 싶은 대화가 있지 않으면 팀원들에게 원하는 주제를 선택하게 하는 편입니다.

대화 시간은 보통 20~30분 정도면 충분한데, 직접 해보면 중간에 다른 이야기로 새는 경우가 많습니다. 2주에 한 번까지는 괜찮지만 주기가 한 달에 한 번이 넘어가게 되면 서로 하고 싶었던 이야기를 몰아서 하게 되고, 대화 시간이 점점 길어지고, 그러다 보니 1on1 약속 잡기가 부담스러워져서 대화 주기가 더 길어지는 악순환이 생깁니다. '매주 금요일 4~6시는 무조건 1on1을 하겠다'처럼 미리 특정 시간을 비워 두시고 꾸준히 하시는 것을 추천드립니다.

# 1on1 대화의
# 방해 요소

리더분들과 대화하면서 1on1을 강조하다 보면 자주 듣는 질문이 나 불만 몇 가지가 있습니다.

**Q: 너무 바빠서 1on1 할 시간이 없습니다.**

A: 리더는 사람으로 성과를 내는 사람입니다. 그래서 성과 관리와 사람 관리가 중요합니다. 1on1은 이 두 가지가 동시에 일어나는 순간입니다. 에릭 슈미트(Eric Emerson Schmidt), 래리 페이지(Larry Page), 스티브 잡스(Steve Jobs), 셰릴 샌드버그(Sheryl Sandberg) 등 실리콘밸리의 내로라하는 리더들을 코칭했던 빌 캠벨(Bill Campbell)은 다음과

같은 말을 남겼습니다.

"일대일 미팅을 구조화하고 미팅을 준비하는데 시간을 투자하라. 이런 미팅이야말로 사람들을 더욱 효율적으로 만들고 성장시킬 수 있는 최고의 수단이다."[*]

팀원들이 내 말을 제대로 못 알아듣는 것 같고, 해온 결과물이 마음에 안 들어 자꾸 직접 수정하게 되고, 팀원들은 무기력한데 당신 혼자만 방방 뛰고 있지 않나요? 당신이 너무 바쁜 이유는 혹시 1on1을 안 해서가 아닐까요?

**Q: 갑자기 1on1을 하자고 하면 직원들이 저를 부담스러워할 것 같아요.**
**A:** 물론 부담스럽습니다. 1on1 대화를 요청하면 아마 직원들의 첫 반응은 '내가 뭘 잘못했지?'일 겁니다. 하지만 처음이 어색하고, 몇 번 하다 보면 '원래 이 시간 되면 리더랑 1on1 대화를 하는 거구나'하고 익숙해집니다. 마치 습관처럼 말이죠. 시간 핑계로 했다 안 했다 하면 계속 어색해질 수 있습니다. 일주일에 한 번이든, 2주일에 한 번이든, 직원들이 당연하게 받아들일 때까지 꾸준히 하는 것이 중요합니다. 회사 회의실이 너무 딱딱한 공간이라면 좀 더 부드

---

[*]  에릭 슈미트, 조너선 로젠버그, 앨런 이글, 김민주(역), 『빌 캠벨, 실리콘 밸리의 위대한 코치』, 김영사, 2020.

러운 분위기의 장소를 찾아보는 것도 도움이 됩니다. 이전 같으면 회사 주변의 커피숍을 추천해 드렸을 텐데, 코로나로 인해 커피숍을 활용하기 좀 어려워졌네요.

**Q: 같이 일하다 보면 수시로 업무 대화를 하는데 굳이 1on1 대화를 따로 해야 하나요?**

A: 업무 대화와 별도로 1on1 시간을 갖는 것이 좋습니다. 우선 업무에 관한 소통은 아무래도 대화보다는 지시가 되기 쉽습니다. 아무리 격식을 안 따지는 성향이라 해도 팀원 입장에서는 엄연히 상사니까요. 게다가 주변에 다른 팀원들도 앉아있기 때문에 터놓고 대화하기 어렵습니다.

무엇보다 1on1은 '일'이 아니라 '사람'이 대화의 주제가 됩니다. 앞에 예시로 보여드린 질문을 생각해 보시면, 평소에 업무 이야기하다가 나올 수 있는 질문이 아니라는 것을 금방 느끼실 겁니다. 오랫동안 같이 일했음에도 불구하고 커리어에 어떤 목표를 가진 사람인지, 어떤 업무를 맡고 싶어 하는지, 상황을 개선할 어떤 아이디어를 가지고 있는지 모르고 있는 리더가 많습니다. 사람에 대한 이해가 바탕이 되면 업무 대화도 훨씬 수월하게 진행하실 수 있습니다.

**Q: 재택근무인데 1on1을 어떻게 하죠?**

A: 재택근무가 많아지면서 팀 회의는 화상으로, 업무 소통은 텍스

트로 모두 대체된 곳이 많습니다. 한 사무실로 출근할 때도 1on1을 잘 못했는데 서로 떨어져 있다 보니 더욱 어색해진 건 사실입니다. 하지만 다르게 생각해보면 재택근무를 하면서 출퇴근 부담도 없어지고 중요하지도 않은 업무도 많이 줄지 않으셨나요? 이참에 바쁘다는 핑계로 자주 하지 못했던 1on1 대화를 시작해보면 어떨까요? 저도 처음엔 '다시 출근하게 되면 해야지' 하고 미루다 재택근무 기간이 너무 길어져 화상으로 1on1을 해보았는데 의외로 괜찮았습니다.

특히 근무 환경 자체가 집중하기 어렵거나, 다른 팀원들이 뭘하고 있는지 정보 공유가 제대로 안 되거나, 팀에 대한 인간적인 유대감이 떨어지면서 팀원들의 몰입도가 떨어지는 경우가 많습니다. 이런 경우를 줄이기 위해서라도 따로 1on1 화상 대화를 해보시길 추천드립니다.

# Feedback
## - 피드백

구글에서 애드센스(AdSense), 유튜브 팀을 맡았었고, 애플 대학 (Apple University) 교수이자 드롭박스, 트위터 등 실리콘밸리 기업들의 CEO 코치였던 킴 스콧(Kim Scott)은 리더들의 피드백 성향을 2×2 매트릭스로 분류합니다.[*]

---

[*] 킴 스콧, 박세연(역), 『실리콘밸리의 팀장들』, 청림출판, 2019.

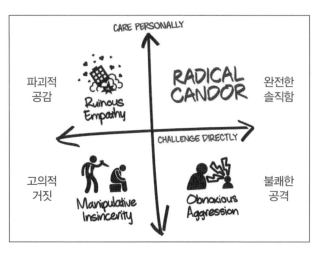

리더들의 피드백 성향

　우선 세로축은 의역하자면 '상대를 아끼는 마음이 있는가' 입니다. 가로축은 '직접적으로 문제 제기를 하는가' 입니다. 아끼는 마음도 없고 문제 제기도 하지 않으면 '고의적 거짓' 즉, 리더로서의 직무유기입니다. 반대로 상대를 아끼는 마음에서 잘못된 부분을 직접 피드백하는 것이 '완전한 솔직함'입니다. 둘 다 잘하거나 둘 다 못하는 양극단보다 나머지 두 사분면에 속하는 분들이 많지 않을까 싶습니다. '파괴적 공감'은 상대를 아끼는 마음은 있는데 관계가 껄끄러워질까 봐 문제 제기를 하지 않는 것입니다. 이게 파괴적 공감인 이유는 말 그대로 이런 자세가 결국엔 상대에게 해가 되기 때문입니다. 자기가 뭘 잘못하고 있는지 깨닫지 못하니까요. '불쾌한 공격'은 상대를 위하는 마음 없이 지적하는 경우입니다. 피드백을 통해 상대의 행동을 변화시키거나 성장시키는 것에는 관심이 없고 그냥 자기 짜증을 푸는 거죠. 여러분들은 이 중 어디에 속하시나요? "전반적으로는 파괴적 공감에 속할 것 같다. 그런데 유독 김 대리에게는 불쾌한 공격으로 대하는 것 같다." 이렇게 상대가 누구인지에 따라서도 달라질 수 있습니다.

이번에는 넷플릭스의 피드백을 살펴보겠습니다. 피드백에 대한 넷플릭스의 원칙은 간단합니다. 때와 장소를 가리지 말고 하라는 겁니다. 솔직한 문화를 만들기 위해 '누군가 요구할 때만 피드백을 주어라', '칭찬은 공개적으로 하고 비판은 사적으로 하라' 같은 당연하게 여겨졌던 고정 관념을 깨뜨리라는 것이죠. 솔직한 피드백을 받으면 거부감이 들거나 불안해지는 것이 인간의 일차적인 반응이지만, 그 단계를 넘어섰을 때 얻게 되는 도움과 성장을 넷플릭스는 더 중시합니다.

다만 피드백을 아무렇게나 전달해도 되는 건 아닙니다. 맞는 말이라도 모욕적인 말로 전달하는 사람을 '똑똑한 왕 재수'라고 표현합니다. 이런 사람들은 능력이 뛰어나더라도 팀워크에 큰 문제를 초래합니다. 성과를 중시한다는 게 자기 일만 잘하면 성격은 어떻든 상관없다는 뜻이 아닙니다. 넷플릭스 CEO 리드 헤이스팅스(Wilmot Reed Hastings)와 함께 『규칙 없음(No Rules Rules)』 책을 쓴 인시아드(INSEAD) 교수 에린 마이어(Erin Meyer)는, 넷플릭스의 피드백에 4A가

있다고 이야기합니다.[*]

첫째는 AIM TO ASSIST입니다. 피드백은 상대방에게 도움을 주겠다는 생각으로 해야 합니다. 내 짜증을 풀기 위해 하는 게 아니기 때문입니다. 따라서 피드백을 듣고 행동을 고쳤을 때, 상대방 개인이나 회사에 어떤 도움이 되는지를 분명히 설명해줘야 합니다. 두 번째는 ACTIONABLE입니다. 피드백은 받는 사람의 행동이 변화되는 것에 초점을 맞춰야 합니다. '기분이 안 좋았다'에서 끝나지 않고, 상대방이 어떤 행동을 했었으면 더 좋았을지 알려주면 좀 더 효과적으로 행동 변화를 이끌어낼 수 있습니다. 여기까지는 피드백을 주는 입장에서의 두 가지 A이고, 나머지 두 개는 피드백을 받는 입장입니다. 세 번째는 APPRECIATE입니다. 비판을 받으면 변명부터 하려 드는 것이 자연스러운 반응이죠. 자기 자존심이나 체면을 지키고 싶을 테지만, 상대방은 당신을 위협하거나 공격하려고 말을 꺼낸 게 아닙니다. 에린 마이어는 피드백을 받았을 때, '어떻게 해야 상대방의 고언을 신중하게 듣고, 열린 마음으로 그 의미를 짚어보며, 수세를 취하거나 화를 내지 않고 감사한 마음을 표현할 수 있을까?' 생각해 보라고 조언합니다. 네 번째는 ACCEPT OR DISCARD입니다. 넷플릭스에서 일하다 보면 많은 피드백을 받게 되죠. 하지만 모두가 맞는 말은 아닐 수 있습니다. 진심을 담아서 고맙다고 하되, 그 피드

---

[*] 리드 헤이스팅스, 에린 마이어, 이경남(역), 『규칙없음』, 알에이치코리아(RHK), 2020.

백을 받아 들일 건지는 전적으로 받는 사람에게 달려있습니다. 피드백을 주는 사람도 이걸 인지하고 있어야 합니다.

킴 스콧과 에린 마이어의 조언을 종합해보면 중요한 키워드 두 가지가 있습니다. 바로 '심리적 안전감'과 '구체적인 요청'입니다. 여러분은 누군가의 피드백을 듣고 실제로 행동을 고치신 적이 있으신가요? 몇 가지 사례가 떠오르실 수도 있겠지만, 실제로 여러분이 살면서 들은 피드백은 훨씬 많았을 겁니다. 대부분의 피드백이 기억에서 튕겨져 나가는 이유는 심리적 안전감이 없는 상태에서 듣기 때문입니다. '너를 공격하기 위해 하는 이야기가 아니야', '이런 말을 한다고 해서 우리가 한 팀이 아니라는 건 아니야', 이런 마음이 전달되지 않은 상태에서 지적부터 들어가면 상대는 방어적으로 마음의 문을 닫게 되죠.

그래서 피드백은 지지의 대화로 시작하는 것이 중요합니다. 코칭이나 소통에 대한 강의를 들어 보신 분들은 아마 처음에 '라포 (Rapport)'를 형성하며 시작하라는 이야기를 많이 접하셨을 겁니다. 라포를 형성하는 것과 상대방에게 심리적 안전감을 제공하는 것, 같은 맥락이라고 보시면 됩니다.

심리적 안전감이 확보되었으면 다음으로는 상대가 앞으로 해줬으면 하는 행동을 구체적으로 요청하셔야 합니다. '앞으로 잘해' 같은 말로는 안 됩니다. '앞으로는 고객사 미팅 10분 전에 미리 도착하고, 메모할 필기구를 꼭 챙기시고, 미팅 후엔 간단하게라도 미팅 내용을 정리해 주세요'처럼 상대방이 바로 적용할 수 있도록 알려 주셔야 합니다. 실제로 이런 대화를 나누다 보면 구체적인 행동 부분에서 의외의 사실을 알게 되거나 서로 오해가 풀리기도 합니다. 방금 언급한 사례도 팀원이 미팅 중에 메모를 하지 않아 불안하게 여겼는데 알고 보니 모든 미팅을 녹음하고 있어서 메모할 필요가 없던 것일 수 있죠.

다시 한번 강조하지만, 피드백은 과거에 뭘 잘못했다 지적하는 게 아니라 미래의 행동 변화에 집중해야 합니다. 이 점을 강조하기 위해 요즘은 피드백(feedback)이 아닌 피드포워드(feedforward)*라는 단어를 쓰기도 합니다. 이미 벌어진 일, 상대방도 이미 알고 있는 사실에 대해 이야기하고 평가하는 것에 시간을 쓰는 것이 아니라, 미래의 가능성, 성장 방향성에 집중하는 것이 피드포워드입니다. 저도 피드포워드라는 단어를 좋아하는데, '피드포워드가 따로 있는 게 아니라 원래 모든 피드백이 그래야 하는 게 아닐까?' 싶어서 다시 피드백으로 표현하고 있습니다.

---

* 피드포워드에 대해 더 알고 싶다면 조 허시(Joe Hirsch)의 『피드포워드』를 추천한다.

# 피드백에 도움이 되는
## I-message 대화법

머리로는 지지하고 요청하라고 알고 있어도 막상 '김 대리는 이게 문제예요'처럼 대화를 시작하는 분들이 많습니다. 이럴 때 도움이 될 수 있는 I-message 대화법을 알려드리려 합니다. I-message 대화법은 말 그대로 주어가 내가 되는 대화법입니다. 상대방을 평가하는 단어를 피하면서 자기 생각과 감정을 표현합니다. I-message 대화법은 총 다섯 단계로 이루어집니다.*

---

\* 검색해 보면 출처마다 구성 요소가 3~5개로 조금씩 달라 새로 조합했다.

1. **행동:** 문제가 되는 상대의 행동을 사실대로 이야기한다
2. **영향:** 그 행동이 나에게 어떤 영향(피해)을 주는지 자세히 이야기한다
3. **감정:** 어떤 감정, 생각이 드는지 솔직하게 이야기한다
4. **요청:** 요청 사항을 완곡하게 표현한다
5. **합의:** 상대방의 의견, 생각을 물어본다

예를 들어 중요한 보고서에서 오타가 여러 개 발견되었다면 이렇게 피드백하실 수 있습니다.

1. **행동:** "오후에 상무님께 보고할 보고서에 오타나 계산 실수가 다섯 개 있었어요. 특히 제안 가격도 계산이 잘못되어 있었습니다."
2. **영향:** "팀이 함께 고생한 결과물인데 이런 부분 때문에 준비가 미흡한 것처럼 보일까 봐"
3. **감정:** "걱정되고 답답하네요"
4. **요청:** "앞으로는 보고서를 작성한 후에 프린트해서 다시 한번 확인해 주세요. 모니터에서는 오타를 찾기 어렵지만 종이로 출력하면 훨씬 눈에 잘 띕니다."
5. **합의:** "그래 주실 수 있죠?"

무너져가던 마이크로소프트를 회생시킨 사티아 나델라가 CEO가 되고 나서 취한 행동 중 하나가 전 임원들에게 비폭력 대화를 가르

친 것입니다. 내부 경쟁과 갈등이 심하던 마이크로소프트의 문화를 변화시키기 위해서입니다. 비폭력 대화와 I-message 대화법은 구성이 매우 비슷하니, 비폭력 대화도 같이 참고해 보시면 좋습니다.

처음 이 대화를 해보면 좀 어색한 느낌이 들기는 합니다. 돌려 말하는 것 같기도 하고, 듣는 입장에서도 평소 말투와 다르게 느껴집니다. 저도 아주 익숙하게 이 대화법을 쓸 수 있는 건 아니어서, 필요한 상황이 되면 미리 대화 내용을 정리해보는 편입니다. 사실 이 대화법 자체에도 힘이 있지만, 듣는 사람 입장에서는 '내 감정이 상하지 않도록 배려해주고 있구나'하는 감정이 전달되는 것 같습니다.

참고로 'I-message 대화법' 또는 '나 전달법'을 유튜브에 검색해 보시면, 부모가 아이들을 대상으로, 또는 학생들끼리 서로 대화하는 예시가 많이 보입니다. 초등학교 도덕 교과서에도 등장하는 대화법이라 그렇습니다. 직장에서뿐만 아니라 아이들에게, 또는 부부나 연인 사이에도 활용할 수 있는 대화법이니 이번 기회에 배워 보시면 어떨까요?

# 제도적인
# 피드백

피드백이 중요하다고 아무리 강조해도, 사실 누군가에게 피드백하는 것은 감정적으로 쉽지 않습니다. 그래서 '고의적 거짓'이나 '파괴적 공감' 유형의 리더들이 생기는 거죠. 상사가 부하에게 피드백하는 것도 이럴진대, 부하가 상사에게 피드백하는 것은 더더욱 그렇습니다. 우리나라 직장인 중에는 살면서 한 번도 윗사람에게 피드백을 해보지 않았거나, 아랫사람에게 피드백을 받아본 적이 없는 분들이 아마 대부분일 것입니다. 피드백을 하는 사람들이 '유별나게 왜이래' 같은 시선을 받지 않으려면 모두가 참여해서 서로 피드백을 주고받는 제도적 장치가 어느 정도 필요합니다.

넷플릭스의 문화를 보여 주는 『규칙 없음』에는 두 가지 피드백 프로세스가 나와 있습니다. 첫 번째는 '이름을 밝힌 서면 평가'입니다. 대상자에 대해 '시작하세요', '중단하세요', '계속하세요' 세 가지로 나눠 코멘트를 남기는 형식입니다. 넷플릭스도 처음엔 익명으로 시작했다고 합니다. 아무리 솔직한 문화를 강조해도 360도 피드백에서는 어느 정도의 익명성이 필요하지 않을까 싶어서 첫 회는 익명으로 진행했는데, 오히려 이를 거북하게 여겼다고 합니다. 솔직함과 익명 피드백이 뭔가 모순처럼 느껴졌던 거죠. 게다가 받은 피드백을 읽고 나서는 불만이 더 커졌습니다. 자기가 누군지 눈치채지 못하게 에둘러서 표현하다 보니 도움이 안 되는 모호한 내용이 많았던 겁니다.

두 번째 진행했을 때는 많은 사람들이 코멘트를 남기면서 자기가 누군지 밝혀 버렸습니다. 일곱 명이 피드백을 주었는데 그중에 다섯 명이 자기가 누군지 밝히면 나머지 둘이 누군지도 알 수밖에 없습니다. 넷플릭스는 결국 세 번째 실행할 때부터 피드백을 실명으로 바꿉니다. 문화가 제도를 이긴 사례입니다. 피드백을 받은 직원은 곧장 피드백을 준 사람의 책상으로 가서 피드백에 대해 이야기했습니다. 또 자신이 어떤 피드백을 받았는지 팀원들과 공유하면서, 투명성에 대한 인식이 점점 높아졌습니다. 넷플릭스에서는 적어도 10명, 보통 30~40명에게 피드백을 받는다고 합니다. CEO인 리드 헤이스팅스는 2018년 총 71명에게 피드백을 받았습니다.

이 사례를 보고 저도 분기마다 팀원들에게 피드백을 받기 시작했습니다. 아래 구글 폼으로 실명 설문을 받고, 답변을 모니터에 띄워놓은 상태로 팀원들과 일대일로 대화합니다. 지금까지 세 번 피드백을 받았는데, More, Start, Stop 세 질문 모두 필수 응답임에도 불구하고 솔직히 Stop에는 의미 있는 답변이 별로 없었습니다. 제가 그럭저럭 잘하고 있다는 뜻인지, 반대로 못하고 있어서 심리적 안전감이 부족해 답변을 못 하는 것인지 해석의 딜레마는 있습니다.

여러분 중 피드백을 받아보고 싶은데 팀원들이 솔직하게 답을 할

**Section 1 of 2**

## More, Start, Stop

저에 대해서 최대한 구체적이고 솔직하게 피드백 해주세요

이름 *

Short answer text

More: 제가 지금 잘하고 있는 것, 앞으로 더 많이 했으면 싶은 행동은 무엇입니까? *

Long answer text

Start: 제가 지금은 안하고 있지만, 앞으로는 이렇게 해줬으면 하는 행동은 무엇입니까? *

Long answer text

Stop: 제가 줄이거나 멈췄으면 하는 행동은 무엇입니까? *

Long answer text

팀원들의 피드백을 받기 위한 질문 양식

것 같지 않아 고민하는 분이 계시다면 우선 익명으로 시작하시길 권장합니다. 넷플릭스 사례처럼 솔직한 피드백에 서로 익숙해지고, 피드백 내용 때문에 나중에 불이익을 받지 않는다는 심리적 안전감이 쌓이면 후에 실명으로 전환하셔도 됩니다.

두 번째 프로세스는 라이브 360도 평가입니다. 이건 서면이 아니라 실제 대화로 진행되는 팀 단위의 피드백 활동입니다. 팀원들은 우선 둘씩 짝을 지어 상대방에게 '시작하세요', '중단하세요', '계속하세요' 피드백을 줍니다. 몇 분이 지나면 자리를 바꿔 또 다른 팀원과 피드백을 주고받습니다. 모든 팀원이 다른 모든 팀원과 피드백을 마치면, 그때부터는 그룹 토론이 시작됩니다. 대상자를 한 명씩 바꿔 가면서 다른 모든 사람이 그 사람에게 피드백을 줍니다. 서로 솔직한 피드백을 주고받되, '똑똑한 왕 재수'는 안 된다는 원칙을 지켜야 합니다. 라이브 360도 평가에서도 누군가가 비꼬는 식의 코멘트를 하거나 선을 넘는 표현이 나오면 다른 팀원들이 바로 제지한다고 합니다.

전체 프로세스는 팀원 수에 따라 다르지만 반나절 정도 진행하고, 사무실에서 하기보다 주변 식당이나 분위기 좋은 곳을 빌려 진행합니다. 넷플릭스 직원들도 이 라이브 360도가 편한 시간은 아닙니다. 시작 전엔 항상 불안하지만 막상 시작하고 나면 금세 괜찮다고 느낀답니다. 리드 헤이스팅스는 이런 프로세스를 치과에 가는 것에 비유합니다. 누구나 치과에 가기 전엔 긴장합니다. 아무리 양치질을 잘해도 어딘가 관리가 안 된 부분이 있을 수 있죠. 치과에 가는 게 꼭 즐거운 경험은 아니지만, 그렇다고 치과에 계속 가지 않으면 나중에 문제가 커집니다.

이런 제도를 여러분 조직에서 꼭 그대로 하시라는 건 아닙니다. 넷플릭스 제도는 한국 문화에 안 맞는 면도 분명히 있고요. 하지만 공식적인 피드백 제도가 연말 평가 피드백 하나인 곳이 태반이고, 그마저도 의미 없는 평가 등급 전달에 그치는 경우가 많습니다. 의미 있는 피드백이 조금 더 자주 오갈 수 있도록 어떤 제도적 넛지(Nudge)를 줄 수 있을지 조직의 상황에 맞춰 리더나 인사담당자 입장에서 고민이 필요합니다.

그리고 '제도적인 피드백', '360도 피어 리뷰'(Peer review) 같은 단어를 들으면 서로 점수를 매긴다고 생각하시는 분들이 있을 겁니다. 피드백은 그 안의 내용이 중요하지 점수가 중요한 게 아닙니다. 피드백에 굳이 점수를 매기는 것은 그 점수를 성과급이나 연봉 인상률 계산 수식에 집어넣거나, 전체 직원 중에 몇 등인지를 파악하고 싶어서겠죠. 피드백의 목적은 사람들의 행동을 변화시키는 것이지, 이미 일어난 일을 평가하고 보상하는 것이 아닙니다. 객관식 점수가 아니라 주관식으로 구체적인 내용을 전달해 주는 것이 중요합니다. 시스템상에서 글로만 오가는 것보다 실제로 만나서 대화할 수 있으면 더 좋겠죠.

저희 팀은 입사 후 3개월 수습기간이 끝나갈 쯤에 D90 피드백이 있습니다. 팀의 핵심 가치 다섯 가지에 대해, 이 팀원이 그에 부합하는 모습을 보였는지 다른 팀원들이 주관식으로 실명 피드백을 주고 있습니다.

D90 피드백 양식

이 피드백은 수습 평가에 반영되기는 하지만, 평가만을 목적으로 하는 건 아닙니다. 사람들이 어떤 피드백을 남겼는지를 보면서 제가 직접 대상자와 대화합니다. 물론 긍정적인 피드백이 대부분이지만, 이 과정을 통해 피드백을 받는 사람, 주는 사람 모두 핵심 가치에 대해 한 번 더 생각해보고 이에 맞춰 스스로 행동을 변화하도록 유도하는 것이 핵심입니다.

# Recognition
# - 칭찬

2019년, 미국 샌프란시스코에서 열린 조직 문화 콘퍼런스, Culture Summit에 참가했습니다. 조직 문화에 관심이 많은 사람으로서 이미 책에서 많이 접했던 좋은 조직 문화가 무엇인지(what) 보다는, 조직 문화를 더 좋게 변화시키는 방법(how)이 궁금했기 때문입니다. 비전, 미션, 핵심 가치를 정의하고 구성원들에게 체화시키는 노하우라든지, 평가·보상 제도에 조직 문화를 반영하는 방법이라든지, 내심 뭔가 거창한 방법론을 배우길 기대했던 것 같습니다.

그런데 한 연사가 "조직 문화를 변화시키는 가장 쉬운 방법은 원하는 행동이 보일 때마다 칭찬하는 것"이라고 이야기했을 때 저는 뒤통수를 한 대 맞은 것 같았습니다. 조직 문화를 변화시킨다는 것은 결국 조직에서 원하는 행동을 구성원들이 더 자주 하게 만든다는 뜻입니다. 그래서 조직 문화를 변화시키고 싶은 조직에서는 칭찬이 유용한 무기가 됩니다.

그렇다고 무조건 잘했다, 수고했다는 칭찬만으론 구성원의 몰입도를 올리기 어렵고 조직 문화도 바뀌지 않습니다. 효과적인 칭찬을 위한 몇 가지 원칙이 있습니다.

### 1. 구체적인 행동을 칭찬한다.

칭찬은 일의 결과만 두고 하는 것이 아닙니다. '이번에 매출 100억 원을 달성한 것을 축하해요'보다는 그런 결과를 내기 위해 어떤 행동을 했는지를 칭찬해야 합니다.

### 2. 행동이 조직에 어떤 영향을 미쳤는지 공유한다.

일의 과정이 핵심 가치와 맞닿아 있는 것도 중요하지만, 일의 결과까지 조직에 긍정적인 영향을 미친다면 금상첨화입니다. 동기 부여의 가장 중요한 요소 중 하나가 자신의 일이 누구에게 어떤 영향을 미치는지 직접 확인하는 것입니다. 단순히 "부탁한 일을 해 줘서 고마워요"가 아니라 당신이 해준 일 덕분에 고객과의 중요한 약속을 지킬 수 있었다는 사실을 말해 주면 더 기쁘지 않을까요?

3. **조직의 핵심 가치와 연계해서 칭찬한다.**

   사람마다 칭찬하는 기준이 다르면 혼란스럽습니다. 따라서 "당신이 이번에 A팀 제인의 업무를 도와준 것은 '팀을 넘어 협력한다'는 핵심 가치의 모범을 보여 줬습니다." 같이 조직의 핵심 가치와 연계해서 칭찬할 필요가 있습니다. 그래야 소속감도 높아지고, 다른 구성원들도 이 조직은 무엇을 중시하는지 알게 모르게 힌트를 얻을 수 있습니다.

4. **공개적으로 칭찬한다.**

   피드백은 일대일로 하시는 것이 좋습니다.[*] 하지만 칭찬은 되도록 공개적으로 하시는 게 동기 부여에 도움이 됩니다.

특히 OKR은 도전적인 목표를 강조하기 때문에 칭찬을 통한 동기 부여를 적절히 활용해야 구성원들의 번아웃을 막을 수 있습니다. 그런데 서로 칭찬하는 분위기를 만드는 데 걸림돌이 몇 가지 있습니다. 우선 우리나라 사람들이 아직 칭찬을 어색해합니다. 고맙긴 한데 그걸 굳이 표현해야 하나 망설이는 경우도 있고, 심지어 자꾸 칭찬해주면 버릇이 나빠진다는 인식도 있는 것 같습니다. 더 큰 고민은 누구는 칭찬하고 누구는 안 하면 팀 분위기가 이상해질 수 있다는 생각입니다. 리더가 특정 팀원을 편애한다고 느낄 수도 있고, 겉

---

[*] 물론 넷플릭스처럼 언제 어디서든 피드백 하는 것을 원칙으로 하는 조직도 있지만, 아직 우리나라 정서에는 맞지 않는 것 같다.

으로 드러나지 않는 일을 하는 사람들이 피해 의식이 생길 수도 있기 때문입니다. 저도 이런 고민을 해본 적이 있지만, 미리 걱정하기보다 우선 한번 칭찬해 보시는 것이 어떨까요? 리더만 칭찬하는 것이 아니라 모두가 모두를 칭찬하는 것이기 때문에 막상 소외되는 사람이 없을 수도 있고요. 칭찬을 적극적으로 함으로써 얻는 효익이 생길 수 있는 부작용보다 크다고 생각합니다. 정말 칭찬을 못 받아서 아쉬운 사람이 있다면 남들의 기대치를 충족 못 시켜서 그런 건지, 눈에 띄지 않는 일을 맡아서 그런 건지 1on1 대화에서 푸는 것이 맞습니다.

그리고 제 생각에 가장 큰 걸림돌은 칭찬도 하나의 역량이라는 걸 모른다는 점입니다. '칭찬은 언제든지 할 수 있는 쉬운 것인데, 서로 칭찬하는 분위기가 아니라서 안 하고 있을 뿐이다' 이렇게 생각하는 사람들이 정말 많습니다. 그러니 칭찬을 더 잘해보려고 연습하지도 않죠. 칭찬을 잘하려면 상대방의 행동을 관찰해서 잘하는 포인트를 구체적인 표현으로 짚어줘야 합니다. '수고했어' 같은 말은 내뱉기 쉽지만, 상대방이 듣고 '아, 내가 앞으로 이렇게 하면 더 칭찬을 받을 수 있겠구나' 느낄 수 있는 좋은 칭찬을 하시려면 연습이 필요합니다. 칭찬 역량이 있어야 칭찬하는 분위기를 만들 수 있는 것인데, 분위기가 안 그래서 칭찬을 안 하는 거라 생각하고 있으니 계속 변화가 없는 거죠.

172

이번 장에서는 Conversation과 Feedback, Recognition에 대해서 알아보았습니다. 도입부에서 강조했듯이 성과 관리의 본질은 리더와 팀원의 지속적인 대화입니다. OKR 강의에서 CFR을 같이 설명드리면 우선 CFR은 해도 되고 안 해도 되는 것이라 생각하시는 경우가 많습니다. OKR이 메인 요리이고 CFR은 디저트 정도로 생각하시는 거죠. 그런데 그거 아시나요? 제게 강의 듣고 나서 'OKR을 도입했는데 회사가 별 변화가 없다, 한두 분기 시도해 보다가 포기했다', 하는 곳들 모두 주기적인 CFR을 안 하는 곳들입니다. OKR 주간 회의와 CFR이 적절하게 돌아가야 OKR이 계속 추진력을 받고 조직의 일하는 방식을 바꾸는 도구가 될 수 있습니다.

또 다른 반응은 'OKR 도입하는 게 왜 이렇게 복잡하고 할 게 많냐, 일만 늘어난 것 같다' 하는 반응입니다. 그런데 CFR이 꼭 OKR 때문에 필요한 걸까요? 설령 OKR이 아니라 다른 성과 관리 프레임을 쓰는 조직이더라도 CFR은 리더가 기본으로 해야 하는 것 아닐까요? 원래 해야 할 역할을 OKR 성과 관리 안에서 다시 짚어드렸을 뿐, OKR 때문에 안 해도 되던 일이 생긴 게 아닙니다. 리더의 역할은 사람으로 성과를 내는 것입니다. 내야 할 성과가 무엇인지는 OKR로 관리하고, 사람은 CFR로 관리합니다. 두 가지의 균형이 맞았을 때 리더로서 성과를 낼 수 있고, 조직의 일하는 방식이 바뀌는 것을 경험하실 수 있을 겁니다.

# OKR 도입 실무자 인터뷰:
## 딜리버리히어로(요기요) 유재혁 인재문화본부장

### ┃ OKR 도입하게 된 계기

함께 일을 할 때 가장 중요한 것은 그 일의 궁극적인 목적 즉, '이 일을 통해 회사가 어떤 영향을 받게 되는 것일까'입니다. 혼자 일할 때는 이 부분이 중요치 않습니다. 내가 이 일을 하고자 하는 목적에 기인해 과업을 수행하기 때문입니다. 그러나 팀이 함께 일할 때, 일을 분배하는 과정에서 그 목적을 상실한 채 우리는 맹목적으로 업무를 수행하곤 합니다.

팀원들과 진행하는 주간 미팅에서 큰 방향을 이야기하는 것의 중요성을 더욱 느끼게 되었습니다. 맥락을 이해하지 못한 채 주어진 일만 하다 보면 궁극적으로 목적과는 다른 결과물을 받아보곤 했기 때문입니다.

우리 본부에 OKR을 도입하게 되면서 본부원들은 언제나 방향성을 인지할 수 있게 되었고 오너십(Ownership)을 더욱 갖게 됐습니다. 월요일 아침 주간 회의 때 팀원들이 한 명씩 돌아가면서 본인의 할 일을 매니저에게 숙제 검사 받는 타입의 회의는 더이상 없습니다.

### ┃ OKR과 1on1 연계

매니저의 책무 중 하나는 함께 일하는 동료가 일을 잘 할 수 있도록 서포트하는 것입니다. 즉, 업무에 대한 지시를 넘어서 근본적인 일을 수행할 수 있는 방법과 기술(Skill)을 나누는 것이죠. OKR을 통해 방향이 잘 Align 되었다 하더라도, 실제로 과업을 수행(Operation)하는 과정에서 생기는 문제점과 방해 요소들이 생기기 마련입니다. 1on1 은 이런 실무적인 문제뿐만 아니라 구조적인 문제까지도 해결할 수 있는 논의의 시간을 제공했습니다. 업무 담당자가 해결하기 어려운 문제를 함께 풀어 나가기 위한 지속적인 영양분을 공급하기 위해서는 1on1이 필수불가 결 하다고 생각합니다.

## ｜ OKR을 도입하고 나서 조직의 달라진 점

가장 좋은 점은 우리 본부가 지금 하고 있는 일들에 대한 '공유'입니다. 같은 본부 내에 속했다 하더라도 옆 팀에서 하는 일은 나와 큰 상관이 없을 수 있습니다. 하지만 OKR을 통해 분기별로 지향하는 방향이 공유될 때, 크로스 펑셔널(Cross functional)한 유기적인 연계가 가능했습니다. 이는 업무의 질이 높아지는 효과가 있는데, 그것보다 더 놀라운 효과는 조직을 끈적이도록 뭉치게 한다는 것입니다.

Objectives and Key Results

# OKR과 KPI, OKR과 평가

# OKR과 KPI,
# 무엇이 다를까?

 

OKR 개념을 처음 배울 때 가장 많이 하시는 질문이 바로 "OKR하고 KPI하고 뭐가 달라요?"입니다. 특히 대기업에서 강의할 때는 워크숍 시작부터 이 궁금증을 갖고 강의를 들으시는 분들이 많습니다. KPI로 평가받는 것에 워낙 익숙하다 보니, OKR을 배울 때도 처음부터 '이걸로 어떻게 날 평가하려고 하는 걸까' 궁금하신 거죠. 마찬가지로 이 책을 읽으시는 분들 가운데는 목차만 읽고 바로 이 장으로 건너뛴 분들도 계실 겁니다. 그런 분들은 적어도 1장(Why OKR), 2장(OKR 개념과 작성법), 6장(CFR)은 읽고 오셔야 이 장의 내용을 이해하실 수 있을 겁니다.

## | 개념 상의 차이

KPI와 OKR을 비교하려면 우리가 먼저 서로 같은 레벨에 있는 걸 비교하고 있는지 생각해 봐야 합니다. 예를 들어 자동차하고 트럭을 비교한다고 가정해 봅시다. 그럼 둘 다 엔진으로 간다는 공통점을 꼽을 수 있습니다. 또 트럭은 실을 수 있는 짐이 훨씬 많다, 큰 트럭은 바퀴가 4개 보다 더 많다 같은 이야기도 할 수 있겠죠. 그런데 자동차와 트럭은 애초에 비교 대상이 아닙니다. 트럭이 자동차에 속해 있으니까요. 트럭과 세단, 또는 트럭과 SUV를 비교하는 게 레벨이 맞는 비교겠죠. 우선 회사에서 'KPI'라는 단어가 대체 뭘 뜻하는 건지 생각해 볼 필요가 있습니다.

첫 번째 의미는 대시보드나 칸반(Kanban) 속의 지표입니다. 회사 아니면 각 부서 레벨에서, 우리 조직이 지금 제대로 돌아가고 있나, 성과를 모니터링하기 위해 늘 지켜보고 있는 지표들이 몇 가지 있을 겁니다. 이걸 ERP에서 자동으로 내려 보든, 엑셀 등으로 따로 관리하든, 적게는 몇 가지에서 많게는 수십 가지의 지표들을 주기적으로 모니터링하면서 대시보드나 칸반 같은 이름으로 부르죠. 그 대시보드나 칸반 안에 있는 지표 하나하나를 보통 KPI라 부릅니다. 이게 가장 좁은 의미의 KPI입니다. 그럼 이 의미에서의 KPI와 OKR을 비교하면 어떻게 다를까요? 가장 큰 차이는 OKR은 목적지에 도달하기 위해 세우는 것이란 점입니다. '언제까지 어떤 목적지에 도달하고 싶다'를 표현한 게 Objective, 거기에 얼마나 가까워졌는지 알기 위해 측정 지표로 쓰는 것이 Key Result이죠. 이걸 극단적으로 해석하시는 분들은 그래서 새로운 것, 도전적인 것만 OKR에 들어가야 하고 이미 해 오던 일, 루틴한 업무에 관한 목표는 OKR에서 다 빠져야 한다고까지 이야기합니다.

반면에 대시보드나 칸반의 KPI는 우리 조직이 망하지 않고 굴러가기 위해서 늘 주시해야 하는 지표들이 많습니다. 그래서 조직을 자동차에 비유한다면 OKR은 목적지를 안내하는 내비게이션, KPI는 자동차 상태를 체크할 수 있는 계기판이라 볼 수 있습니다. 대시보드라는 말 자체가 원래는 계기판인 것처럼 말이죠. 대시보드에는 오히려 이미 해오던 일, 루틴한 업무 관련된 지표가 훨씬 더 많을 수 있습니다. 같은 양식으로 지속적인 추세를 볼 수 있다는 것 자체가 도전과 혁신보다는 현상 유지가 우선이라는 뜻이겠죠. 대시보드나 칸반으로서의 KPI는 OKR과 병행해서 운영할 수 있습니다. KPI를 관

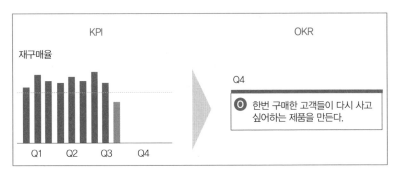

대시보드의 KPI와 OKR

리하다 숫자에 문제가 생기면, 그 숫자를 다시 회복시키는 것이 다음 분기의 OKR이 될 수도 있습니다. 둘은 상호 보완적인 관계이고, 내비게이션을 달았다고 운전에 필요한 계기판을 떼 버릴 필요는 없습니다.

KPI의 두 번째 의미는 개인이나 조직이 평가받는 지표로서의 KPI 입니다. 우리나라 기업들의 평가 제도는 성과 평가 또는 업적 평가가 있고, 여기에 역량 평가를 합산하는 식으로 보통 설계되어 있습니다. 이 중에 성과 평가에 쓰이는 지표가 KPI입니다. KPI 마다 목표치와 가중치가 있고, 달성률로 성과 평가 점수를 계산하곤 합니다.

이러한 측면에서 KPI는 OKR과 목적 자체가 다릅니다. OKR은 공동의 목적을 소통하는 도구 즉, 일이 되게 하는 도구입니다. 성과가 나는 기간 동안 성과를 더 낼 수 있게 돕는 것이 OKR의 존재 이유입니다. 반면에 평가 지표로서의 KPI는 성과가 이미 난 다음에 그 크기를 측정하고 평가, 보상하는 것이 목적입니다.

이 두 가지가 물론 연관은 되겠죠. OKR이 조직의 목적을 나타내니까요. 목적지를 향해 열심히 뛰었는데 안 좋은 평가를 받는다는 것도 말이 안 될 겁니다. 보통 OKR은 평가와 '느슨하게 연결된다'는 표현을 씁니다. OKR에서의 KR 달성도를 더하기 빼기, 곱하기 나누기해서 성과 평가 점수가 자동으로 계산되는 관계는 아니란 뜻입니다. 사람마다 KR이 다를 것이고, 난이도도 다를 겁니다. KR의 진척도가 더 높다고 해서 무조건 성과 평가 점수가 더 나을 것이란 보장

역시 없습니다. 그런 식으로 운영하면 다들 도전적인 KR을 잡지 않고 쉽게 달성할 수 있는 KR만 잡을 겁니다. 이름만 OKR이고 KPI랑 똑같은 방식으로 운영되는 거죠.

## | 운영 프로세스상의 차이

앞서 두 가지 의미가 지표(Indicator)로서의 KPI를 뜻했다면, KPI가 제도 전체를 나타낼 때도 있습니다. 흔히 '우리 회사는 KPI를 씁니다'라고 할 때는 KPI로 평가하고 보상하는 제도 전반을 의미하죠. 지표로서의 KPI는 Objective나 Key Result와 어떤 개념적 차이가 있는지 비교해야 하지만, 제도로서의 KPI는 운영 프로세스 측면에서 OKR과 어떤 차이가 있는지 살펴봐야 합니다.

우선 KPI가 보통 어떤 식으로 운영되는지 떠올려 봅시다. 연말이 되면 전략기획실 같은 곳에서 내년도 경영 계획을 만듭니다. 그 안에 전략도 있고 목표들도 있죠. 보고를 하고 위에서 컨펌하면 그게 조직의 KPI로 바뀝니다. 문제는 그 경영 계획 보고서를 본 사람이 몇 없습니다. 일부 리더들만 보고, 나머지는 다 그 안에 있던 KPI만 쪼개서 전달받습니다. 그 목표가 어떻게 도출된 것이고, 우리 회사의 전략이 무엇인지는 사장님 신년사 같은 데서나 추상적으로 듣고, 나에게 실제 전달되는 건 저 지표와 숫자인 거죠.

그런데 한두 분기만 지나도 시장 상황이 바뀝니다. 경쟁사도 예측 못한 Action을 하고요. 작년에 경영 계획 세울 때와는 다른 세상이 됐어요. 그럼 전략을 수정하겠죠? 이것도 제대로 공유가 안 됩니다. A팀은 완전히 원래 계획과 다르게 움직이고 있는데, 협력해야 할 B팀은 전략이 바뀐 걸 모릅니다. 더 최악은 전략은 바뀌었는데 조직의 KPI는 그대로인 상황이죠. 실제로 하고 있는 행동과 조직의 목표가 완전히 따로 노는, 목표가 아무 의미가 없는 상황이 되어버립니다.

그럼 개인의 평가 지표로서의 KPI, 여기 관련된 제도는 어떻게 운영될까요? 설명하지 않아도 당해보신 분들은 잘 아실 겁니다. 연초에 인사 시스템에 들어가서 목표를 입력하죠. 근데 그건 위에서 그냥 내려준 목표고, 왜 해야 되는지도 모르겠는 목표죠. 회사에서 사업부와 실을 거쳐 팀으로 내려오면서 상위 조직의 목표를 쪼개 나눠 맡기 식으로 정해진 경우가 많을 겁니다. 이걸 그럴싸하게 표현한 캐스케이딩(Cascading)이라는 전문 용어도 있지요.

그렇게 목표를 잊고 지내다가 여름 휴가 갈 때쯤 중간 피드백하라고 공지가 옵니다. 오랜만에 인사 시스템에 한번 들어가보면 이미 시장 상황하고 전혀 안 맞는 숫자가 목표라고 떡하니 적혀 있습니다. 한 번 수정할 수 있게 해주면 다행이고, 아니면 그 숫자 가지고 또 연말까지 잊고 살아요.

그러다 연말 평가 시즌이 되면 어차피 그 목표 달성도로 평가하지도 않습니다. 수시로 모니터링 하는 대시보드상의 KPI와, 인사시스템에 입력해 두었던 평가 지표로서의 KPI가 점점 괴리가 생기거

든요. 연초엔 매출 목표가 500억 원이었는데, 연중에 시장 상황이 변했다고 합시다. 재무 부서에서는 현금 흐름에 문제가 생기면 안 되니까 대시보드상의 KPI에서는 목표치를 조정합니다. 하지만 거기에 맞춰서 인사 시스템에 있는 개개인의 목표치를 조정하는 경우는 거의 없습니다. 번거로우니까요. 결국 연말이 되면 상사가 마음 속에 정해 놓은 점수는 따로 있고 거기에 맞춰서 온갖 보정을 합니다. 이번에 승진 대상자인 사람한테 점수를 몰아주지나 않으면 다행이죠.

그리고 조직의 KPI든 개인의 KPI든 보통 굉장히 폐쇄적으로 운영됩니다. 분명 같은 회사 사람들인데, 부서의 경계를 조금만 넘어가면 다른 팀이 어떤 목적을 가지고 일하는 사람인지 서로 몰라요. 저 사람이 마케팅팀 소속이고 개발팀 소속이라는 것만 알지, 어떤 목적을 위해 일하는지, 회사의 미션에 어떻게 기여하는 사람인지 모릅니다. 서로 이해관계를 잘 모르니 협업도 어렵고, 관리가 엉망인 조직에서는 협업할수록 자기 평가 점수가 떨어지게 제도를 만들어 놓고는 서로 협업하라고 닦달합니다.

그럼 OKR의 프로세스는 어떨까요? 앞서 OKR 정렬하기 부분에서 설명했듯이 OKR은 회사가 존재하는 이유, 미션에서부터 시작합니다. 거기서부터 중장기 OKR인 비전이 나오고, 회사의 연간 OKR이 도출됩니다. 이게 어찌 보면 기존 경영 계획에 있던 회사의 전략이고 목표죠. 여기까지는 KPI 운영 프로세스와 비슷하다고도 볼 수 있습니다.

그런데 회사의 연간 OKR에 각 조직들이 분기 OKR을 연결시키는 부분부터 KPI와 차이가 발생합니다. 보상을 위한 KPI는 연간 목표 하나만 있는 경우가 많은 반면에 OKR은 보통 연간 OKR 밑에 분기 OKR을 정렬시키게 됩니다. 그리고 OKR을 정하는 과정도 나눠 맡기, Top-down 방식으로 정하기 보다는 Bottom-up 의견을 충분히 반영하여 접근하는 것이 중요합니다(4장 참고). 이 부분에서 Bottom-up 방식으로 의견이 제대로 반영되지 않으면 'KPI 하고 달라진 게 뭐냐, 이름만 바뀐 것 같다' 라는 불만이 나오게 되죠. 조직의 상위 레벨일수록 아무래도 Top-down 비중이 높지만, 하위 레벨로 내려올수록 Bottom-up 비중이 커져야 구성원들의 주도성을 살릴 수 있습니다.

피드백의 주기도 달라집니다. KPI는 중간, 최종 두 번만 하는 경우가 많은데 비해, OKR은 분기 단위로 운영되므로 분기에 한 번은 피드백을 하게 될 수밖에 없습니다. 더 중요한 것은 주간 회의와 CFR 이죠(6장 참고). 할 일만 챙기는 회의가 아니라 목적에 집중하는 주간 회의, 그리고 정기적인 1on1 대화와 피드백, 칭찬이 OKR 운영의 핵심입니다.

또 OKR에서는 공유가 중요합니다. 어떤 조직이 어떤 목적을 가지고 있는지 꽁꽁 숨기는 게 아니라, 각 조직의 OKR을 누구나 보면서 서로가 어떻게 정렬되어 있는지, 어떻게 연결되는지 파악할 수 있는 게 중요합니다. 이렇게 맥락을 파악했을 때 공동의 목표를 위해 협업하기 쉬워지겠죠.

그리고 가장 큰 차이는 KPI는 목표 달성률과 가중치를 가지고 그대로 성과(업적) 평가 점수가 계산되어 나오는 반면, OKR은 진척도를 그대로 평가에 반영하는 게 아니라는 점입니다. 그렇다면 OKR에서는 어떻게 평가해야 할까요?

# OKR과
# 평가의 관계

OKR에 관심이 있어서 자료를 찾아보신 분들은 'OKR을 평가에 쓰면 안 된다, OKR과 보상은 단절해야 한다' 이런 표현들을 들어 보셨을 겁니다. 평가에 반영되는 순간 도전적이지 않은 KR을 작성할 것이고, OKR 점검도 지원과 격려보다는 관리 위주가 될 것이며, 여러 부작용들이 생기기 때문에 그렇게 이야기하는 것이죠.

## 연말 평가는 어떻게 해야 하나요?

평가 자체가 없는 초기 스타트업이라면 별 문제될 것이 없는데, 이미 평가 제도가 있는 회사들은 이 부분에서 많이 혼란스러워 합니다. 그러다 보니 연간 KPI는 그대로 두고, 과정 관리를 OKR로 하는 것으로 일종의 절충안(?)을 시도하는 경우가 많은데, 이렇게 운영하시면 두 가지 딜레마가 생깁니다. 첫째는 평가 지표에 포함되지 않는 KR 문제입니다. 다음과 같은 간단한 예시를 생각해 봅시다.

| 2분기 O: 고객이 주변에 추천하고 싶어하는 브랜드가 된다 |
| --- |
| KR1: 분기 매출 200억 원 이상 |
| KR2: 회원 수 50만 명 이상 |
| KR3: NPS 35점 이상 |

VS

| 연간 KPI: 연 매출 1,000억 원 이상 |
| --- |

KR에는 매출 외에 여러 지표가 있고, 이걸 정하는 과정에서 구성원들의 의견도 반영되었을 겁니다. 그런데 정작 평가에 가서는 다른 건 보지 않고 매출만으로 판가름합니다. 이럴 경우 사람들이 회원 수나 NPS에 정말 신경을 쓸까요? 아무래도 평가에 반영되는 지표만 신경 쓰고 나머지는 소홀히 할 가능성이 큽니다. 그러다 OKR 자체가 왜 하는 건지 모르겠다, 분기마다 작성하는 것도 번거로운데 KPI만 남기고 OKR을 없애자는 쪽으로 흘러가겠죠.

그렇다면 KR을 전부 평가 지표로 넣으면 되지 않느냐 하실 텐데, 그러려면 OKR을 개인 단위로까지 내려야 합니다. 개인별 OKR을 추천하지 않는 이유는 4장에서도 설명했듯이 관리해야 할 OKR 개수가 엄청나게 늘어나면서 배보다 배꼽이 더 커질 수 있기 때문입니다. 두 번째 딜레마는 KR과 KPI를 얼마나 도전적으로 잡을 것이냐 하는 문제입니다. 연간 KPI 목표는 분기별 KR 목표의 합과 같아야 할까요 아니면 더 낮아야 할까요? 다시 매출로 예를 들자면 아래와 같습니다.

| 1분기 | 2분기 | 3분기 | 4분기 | | 연간 |
|---|---|---|---|---|---|
| KR: 200억 원 | KR: 200억 원 | KR: 200억 원 | KR: 200억 원 | VS | KPI: ? |

단순 계산이라면 800억 원이 되어야 합니다. 그런데 KR은 지금처럼 했을 때 60~70% 달성 가능한 도전적인 목표를 강조하고, KPI는 보통 100%, 적어도 80% 이상 달성할 수 있는 목표를 잡습니다. 매출 목표에 맞춰서 마케팅이나 생산, 구매 계획도 맞출 텐데 허황된 숫자를 기준으로 할 수는 없으니까요. 그러다 보니 분기 KR 목표의 합과 연간 KPI 목표가 같아지면 OKR이 도전적이지 않아지고, 'KPI를 분기 단위로 쪼개 놓은 게 OKR인가? 그럼 굳이 OKR을 따로 쓸 필요가 있나?' 하는 이야기가 나옵니다.

그렇다고 이 두 숫자가 달라지면 사람들이 '그래서 올해 목표가 얼마라는 거야?' 물어보기 시작합니다. 본인이 평가받는 지표이니까 연간 KPI에 민감하게 반응할 수밖에 없는데, 이게 OKR 값과 차이가 나면 다시 '어차피 이걸로 평가받는 것도 아닌데 OKR 왜 하는 거지?' 하는 반응이 나오는 거죠.

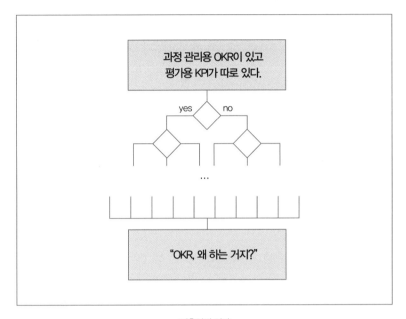

절충안의 결말

결국 OKR을 쓰면서 KPI로 평가하려는 접근은 'OKR 왜 하는지 모르겠다'로 귀결될 가능성이 높습니다. OKR을 도입하시려면 따로 KPI로 성과(업적) 평가 점수를 계산하지 않는 것을 추천드립니다. 그럼 어떻게 평가해야 할까요? 제가 추천하는 방식은 OKR과 CFR 내용을 근거로 리더가 정성 평가를 하는 것입니다.

- 피평가자가 본인에게 기대되는 성과를 충족시켰는지?(KR)
- 피평가자가 성과를 내기 위해 충분히 고민하고 노력했는지?(Initiative)

'OKR과 CFR이 근거가 된다'의 의미는 다음과 같습니다. 예를 들어 A라는 사람이 책임자로 있는 KR의 진척도가 50%이고, B라는 사람이 책임자로 있는 KR의 진척도가 60%라고 합시다. 목표 달성률이 그대로 점수화되는 KPI의 세계에서는 B가 무조건 A보다 높은 점수를 받을 것입니다. 그런데 A가 무에서 유를 만드는, 훨씬 도전적인 목표를 세운 거라면 리더는 A에게 애초에 '0%만 아니어도 다행이다'라고 생각했을 수도 있습니다. 그런데 50%를 달성해 왔다면 A에게 B보다 높은 점수를 줄 수도 있겠죠. 이 방식이 동작하려면 두 가지가 전제되어야 합니다.

첫째는 리더에 대한 신뢰입니다. '우리 회사 중간 관리자들은 OKR과 CFR 내용에 근거하여 최대한 공정하게 평가할 것이다, 사내 정치나 개인 친분에 따라 평가하지 않을 것이다' 하는 믿음이 있어야 이 방식을 시도할 수 있습니다. 대기업으로 갈수록 이 문제가 덜한 편인데, 중간 관리자들도 경력이 그리 길지 않은, 아직 성장하고 있는 스타트업에서는 문제가 될 수 있는 부분입니다.

두 번째는 CFR이 어느 정도 자리잡은 이후여야 합니다. 리더는 평소에 각 팀원에게 기대치가 어느 정도인지, 팀원이 그 기대치를 어느 정도 충족시키고 있는지 자주 소통해야 합니다. 그래야 평가 결과가 나왔을 때 팀원들이 놀라거나 불만을 제시하는 일이 줄어듭니다. 앞선 사례에서 A가 리더의 기대치가 다른 것을 전혀 몰랐고, 본인의 KR 진척도가 더 높다는 이유만으로 B보다 높은 평가를 받을 거라 내심 기대하고 있었다면 결과가 나왔을 때 이슈가 생기겠죠. 평소에 CFR을 꾸준히 했는지가 중요한 이유입니다.

아무리 이 두 가지가 전제되었다고 해도, 무언가 점수가 나오는 KPI 방식에 비해 리더가 정성 평가하는 것은 덜 공정한 것이 아니냐 생각하실 수 있습니다. 그런데 KPI 방식은 과연 더 공정할까요? KPI 가 있을 때 평가가 어떻게 진행되는지 한번 생각해 봅시다.

| | 지표 | 목표 | 진행 사항 | 점수 | 가중치 |
|---|---|---|---|---|---|
| 전사 목표 | 매출 | 1,×억원 | 1~10월 매출 ×××.×억원<br>1~12월 예상매출 ××××억 | 90점 | 30% |
| 부서 목표 | 실행력 강화를 위한 몰입의 조직문화 확산 | 기업문화 활성화 리더십 역량 강화 | **기업문화 활성화 방안 실행**<br>– 일하는 방식, 회의문화 포스터 ×건 부착<br>– 4월 ○○○데이 진행(××명 참여)<br>– 5월 전사 언택트 타운홀 미팅 진행(××명 참여)<br>**리더십 역량 강화**<br>– 3월 신규 리더 몰입 리더십 과정 진행(××명 참여)<br>– 4월 코칭 리더십 과정 진행(×회차, ××명 참여)<br>– … | 85점 | 40% |
| | | | | … | … |
| | | | | 82점 | B+ |

KPI 평가 진행 방식

지표가 있고, 목표치가 있고, 실제 진행 사항을 적습니다. 지표마다 목표 달성률로 점수가 계산되고, 가중치로 최종 점수 82점이 계산됩니다. 이 점수가 나중에 B+라는 평가 등급으로 환산되어 나오죠. 얼핏 보면 공정하고 논란의 여지가 없어 보이지만 실제론 리더의 주관이 개입될 여지가 많습니다.

| | 지표 | 목표 | 진행 사항 | 점수 | 가중치 |
|---|---|---|---|---|---|
| 전사 목표 | 매출 | 1.×억원 | 1~10월 매출 ×××.×억원<br>1~12월 예상매출 ××××억 | ➡90점 | 30% |
| 부서 목표 | 실행력 강화를 위한 몰입의 조직문화 확산 | 기업문화 활성화 리더십 역량 강화 | **기업문화 활성화 방안 실행**<br>– 일하는 방식, 회의문화 포스터 ×건 부착<br>– 4월 ○○○데이 진행(××명 참여)<br>– 5월 전사 언택트 타운홀 미팅 진행(××명 참여)<br>**리더십 역량 강화**<br>– 3월 신규 리더 몰입 리더십 과정 진행(××명 참여)<br>– 4월 코칭 리더십 과정 진행(× 회차, ××명 참여)<br>– … | ➡85점 | 40% |
| | | | | … | … |
| | | | | 82점➡B+ | |

리더의 주관 개입 가능성이 큰 KPI 평가 진행 방식

우선 진행 사항이 점수로 바뀔 때도 리더의 생각이 들어갑니다. 깔끔하게 숫자로 달성률이 떨어지더라도 운이나 공헌도 같은 이유를 대며 점수를 바꿀 수 있고, 위 예시 두 번째 지표처럼 애초에 정성적인 지표라면 더더욱 주관적으로 평가할 수밖에 없죠. 그렇게 해서 나온 점수 82점이 B+가 되는 과정도 명확하지 않습니다. 아마 '등급별로 상대 평가 비중이 있어서 점수순으로 자르다 보니 B+가 됐나 보다' 하겠지만, 부하 직원을 평가해 보신 분들은 아마 아실 겁니다. 평가자는 B+를 먼저 정해두고 표의 나머지 빈칸들을 채워 나가는 경우가 더 많다는 것을요. 그러니 'KPI로 평가할 것인가'와 '리더가 정성 평가할 것인가'의 실제 차이는 다음과 같습니다.

---

'B+를 준 근거(표의 나머지 부분)를 채우게 만들 것인가'

VS

'어떤 평가를 줄 것인지(B+) 묻고 끝낼 것인가'

---

어느 한 쪽이 공정한가요? 딱히 그렇지는 않습니다. 다만 둘은 '평가 결과에 대해 누군가 클레임을 제기했을 때 어떻게 대처할 것인가'에서 차이가 납니다. 전자는 클레임이 있을 때 지표 하나하나마다 점수를 보여 주면서 최종 점수가 몇 점이고, 우리 부서에서는 몇 등이어서 등급이 B+로 나왔다고 설명할 수 있습니다. 후자는 그 사람이 기대치 대비 어느 정도 성과를 냈고, 그게 다른 팀원들 대비

어느 정도 수준인지 리더가 온전히 설명해야 합니다. 즉, 전자는 '더 공정하다'고 볼 수는 없지만, '할 말이 있는가' 측면에서는 후자보다 나은 선택지가 되는 거죠.

그래서 리더의 정성 평가로 접근하려면 평소에 CFR을 얼마나 꾸준히 했는지가 전제 조건이 될 수밖에 없습니다. CFR을 하나도 안 한 리더가 연말에 정성적으로 팀원을 평가했는데 거기에 누군가 불만을 가지면 인사팀 차원에서도 큰 골칫거리가 됩니다. KPI 방식에 비해 뭔가 직원에게 들이밀 자료가 부족하니까요. 또한 CFR을 통해 본인이 기대치 대비 어느 정도 성과를 내고 있는지 평소에 인지하고 있었다면 애초에 클레임이 나올 여지도 적어집니다.

개인적으로 큰 조직에서 KPI 평가 방식을 버리지 못하고 있는 가장 큰 이유가 이 부분이라 생각합니다. 상시 피드백을 강조하면서 1년에 두 번 하던 피드백을 분기 단위로 늘리려고 많은 회사가 시도하지만 1년에 네 번 시행도 자리를 못 잡고 있습니다. 그러니 꾸준한 CFR이 전제되는 평가 제도를 운영하기엔 리스크가 너무 큰 것도 현실입니다. 결국 본질적인 질문은 다음과 같습니다.

---

'평가 제도를 복잡하게 만들어서 클레임에 대비할 것인가(KPI 방식)' VS
'평가는 단순하게 하되, 상시 피드백(CFR)을 강조해서 클레임 자체를 줄일 것인가(OKR 방식)'

---

'OKR은 도입하지만 KPI는 버릴 수 없다'는 회사들을 볼 때마다, 'OKR은 도입하지만 CFR은 꾸준히 할 자신이 없다'처럼 느껴져서 안타까운 생각이 듭니다. 여러분 회사는 지금 어떤 상황인가요?

## ┃ 성과 외 나머지 부분에 대한 평가

OKR은 주로 성과와 연결되지만, 평가엔 성과(업적) 평가만 있는 것이 아니죠. 보통 역량이나 리더십, 조직 문화(핵심가치) 적합도 등 다양한 이름으로 성과 외적인 부분을 평가하고는 합니다. 성과가 정말 개인의 노력에 의한 부분도 있지만 운에 따르는 요소도 많고, 팀이 공동으로 낸 성과에 대한 기여도 등을 반영하기 위해 성과와 별도로 그 사람이 가지고 있는 본질적인 능력을 따로 평가하려는 것입니다. 보상과 연동시킬 때도 성과 평가는 그해의 성과급, 역량 평가는 승진에, 둘이 합쳐진 최종 평가는 연봉 인상률에 반영하는 등 조금씩 다르게 활용하죠. 삼성전자 권오현 회장이 쓴 『초격차』를 보면 'Pay by Performance, Promotion by Potential(줄여서 4P)'이라고 본인의 보상 철학을 설명하고 있습니다. 다른 대기업들도 회사마다 구체적인 평가 보상 방법은 다르지만, 큰 틀에서는 나름의 방법으로 4P를 구현하고 있는 것 같습니다. 여기서는 간단하게 해외 사례 몇 가지를 소개해 드리고자 합니다. 우선 JIRA, CONFLUENCE 등으로 유명한 호주의 IT 회사 아틀라시안(Atlassian)의 평가 기준입

니다. 아래 세 가지 기준이 합쳐져서 최종 등급이 나오게 됩니다.[*]

- 핵심 가치에 적합한 모습을 얼마나 보여 주었는가?(Demonstration of our company values)
- 역할에 대한 기대치를 얼마나 충족시켰는가?(Expectation of role)
- 팀에 얼마나 기여했는가?(Contribution to the team)

아틀라시안의 미션은 모든 팀의 잠재력을 해방시킨다(unleash the potential in every team)이기 때문에 내부 평가에서도 핵심 가치와 팀 기여를 중요하게 생각하는 것이죠. 이 세 가지 평가 결과가 합쳐져 딱 세 가지 등급(Exceptional Year, Great Year, Off Year)으로 합쳐집니다. 여기서 첫 번째 기준인 '핵심 가치'에 대한 평가는 점수로 나오는 것이 아니라 On과 Off 두 가지로만 나옵니다. 여기서 Off가 나오면 나머지 두 항목의 점수가 아무리 높더라도 최종적으로 Off Year를 받게 됩니다.

두 번째 기준 '역할'에 대한 기대치가 이 사람의 성과와 관련된 항목입니다. 아틀라시안에서도 OKR을 사용하고 있는데[**], 이 부분을 평가할 때 OKR 내용을 참고하겠죠. 마지막 기준, 팀에 얼마나 '기여'했는지는 다른 팀원들과 팀 전체의 성과를 올리기 위해 어

---

[*] 아틀라시안의 헬렌 러셀(Helen Russell)이 Culture Summit 2018에서 발표한 내용이다.

[**] www.atlassian.com/agile/agile-at-scale/okr

198

떤 노력을 했는지, 팀 관점에서 문제 해결을 하고 신뢰와 소속감 (Belonging)의 환경을 만들었는지에 대한 평가입니다. 여기에는 업무 적인 도움뿐만 아니라 예를 들어 팀 워크숍을 갈 때 준비 과정에 얼 마나 도움을 주었는지 같은 내용도 포함됩니다. 개인 성과만큼 팀 성과에 대한 기여도를 똑같은 비중으로 반영하고 있는 것이 아틀라 시안 평가 제도의 특징입니다.

다음은 에어비앤비의 사례입니다.[*]

### 무엇을 하였습니까? What

1. 평가 대상자와 밀접하게 일한 한두 개의 프로젝트는 무엇입니까?

2. 질과 양 모든 측면에서 평가 대상자는 프로젝트에 어떻게 기여하였 습니까?(5단계 평가)

3. 대상자가 팀의 성공에 얼마만큼 기여했나요?(5단계 평가)

### 어떻게 하였습니까? How

1. 우리 회사의 핵심 가치관 중에 가장 잘 실천한 것은 무엇입니까?

2. 우리 회사의 핵심 가치관 중 더 잘 실천해야 할 것은 무엇입니까?

### 어떻게 성장할 계획입니까? Growth

---

[*] 유호현, 《이기적 직원들이 만드는 최고의 회사》, 스마트북스, 2019.

1. 평가 대상자는 어떤 강점을 가지고 있습니까?

2. 다음 6개월 동안에 평가 대상자가 더 큰 기여를 하기 위해 성장할 영역을 한 가지만 고르면 어떤 것인가요?

첫 번째 What 부분이 OKR과 연결될 수 있는 부분입니다. 두 번째 How는 회사의 핵심가치에 얼마나 Align 되어있는지, 마지막 Growth는 강점과 성장에 대한 부분입니다. 이 세 가지가 합쳐지면 상대방에 대한 종합적인 평가가 나오는 것이죠. 평가도 중요하지만, 이 질문에 대한 답은 결국 상대에게 주는 피드백이 됩니다. 목적 자체가 평가 보상보다는 상대방의 성장에 있다는 느낌을 줍니다.

여기까지는 성과, 조직 문화, 역량처럼 특정 항목에 대해 피드백하는 방식이었다면, 아예 다르게 접근하는 방식도 있습니다. 바로 딜로이트(Deloitte)의 평가 제도입니다. 딜로이트는 분기마다 프로젝트 매니저에게 팀원들에 대해 딱 네 가지 질문을 답하게 합니다.[*]

1. **성과를 고려할 때, 이 사람의 급여를 최고 수준으로 인상하고 보너스도 지급하겠다.**

   (5: 매우 그렇다. ~ 1: 전혀 그렇지 않다.)

2. **성과를 고려할 때, 나는 언제든지 이 사람을 팀원으로 받아들이고 싶다.**

---

[*] 마커스 버킹엄, 애슐리 구달, 〈성과 관리 시스템 전면 재설계로 연 200만 시간 낭비 줄였다〉, 하버드비즈니스리뷰코리아, 2015.

(5: 매우 그렇다. ~ 1: 전혀 그렇지 않다.)

3. **이 사람은 미흡한 성과를 낼 위험성이 크다.** (예/아니오.)

4. **이 사람은 오늘 당장이라도 승진시킬 수 있다.** (예/아니오.)

이 네 질문에 대한 답이 모여 평가가 되는데, 보시면 이 질문들은 피평가자의 특정 역량을 물어보는 것이 아닙니다. 이 제도를 설계한 마커스 버킹엄(Marcus Buckingham)은 원래 갤럽에서 강점, 몰입과 성과의 관계를 데이터로 연구하던 사람입니다. 이후 본인의 회사를 차려 분석을 계속하다 지금은 ADP Research Institute라는 곳에 인수되어 전 세계 근로자들을 대상으로 다양한 연구를 하고 있죠.

사람은 다른 사람의 특정 역량(예: 문제 해결, 커뮤니케이션, 고객 관리 등)을 평가하는 데 매우 취약하다고 합니다. 데이터를 분석해보면 피평가자들의 역량 차이에서 나오는 점수의 편차보다, 평가자의 평가 성향(얼마나 점수를 후하게 주는지)에서 오는 편차가 더 크다고 하네요. 마커스는 이런 평가 데이터를 '오염된 데이터'라고 부릅니다.*

1) 인간이 타인을 정확히 평가하도록 훈련하는 일은 불가능하다.

2) 이런 식으로 얻은 평가 데이터는 오염되어 있다. 그 데이터는 평가 대상자가 아닌 평가자를 훨씬 더 많이 드러내 준다.

---

\* ·마커스 버킹엄, 애슐리 구달, 『일에 관한 9가지 거짓말』, 쌤앤파커스, 2019.

3) 더 많은 오염된 데이터를 덧붙여도 오염은 제거되지 않는다.

대신 결론적으로 이 사람에게 어떤 행동을 취할 것인가(예: 연봉을 인상 시킨다, 승진을 시킨다)에 대해서는 상대적으로 더 정확하게 판단을 합니다. 그러다 보니 애초에 역량별로 점수를 묻지 않고, 결론적으로 어떤 조치를 취할 것인지에 대해 묻는 것이죠.

그런데 마커스가 딜로이트에 이 제도를 도입하면서 전제 조건이 하나 있었습니다. 바로 '프로젝트 매니저들이 매주 팀원들과 일대일로 대화 시간을 가질 것'입니다. 어떤 평가 제도도 리더와 팀원의 일상적인 의사소통을 대체해 줄 수는 없습니다. 일 년 내내 피드백하지 않다가 연말에 한 방에 평가하고 공정성 이슈가 안 나오길 바라는 것이 이상한 것 아닐까요? 그 어떤 평가 제도를 가져와도 그런 마법은 없습니다.

그리고 평가의 목적이 무엇일까요? 공정하게 평가하고 보상하는 것이 전부일까요? 안 좋은 평가를 받을 사람은 일 년 내내 저성과자로 살다가 연말에 가서 C를 받는 것이 그 사람에게, 회사에게 바람직할까요? 제도를 설계하는 입장이라면 공정한 평가보다 사람들이 어떻게 하면 적시에 피드백을 받고 더 성장할 수 있을지를 고민하는 게 먼저 아닐까요?

이상 몇 가지 해외 사례를 보여드렸습니다. 이 사례들을 고른 이유는 성과(업적)와 역량 두 가지로 평가해서 하나의 최종 등급이 나오는 일반적인 우리나라 기업들의 방식과 다르기 때문입니다. 특히 이 사례 중 어느 기업도 KPI 지표의 목표 달성률과 가중치로 점수를 계산하는 방식을 취하지 않습니다. OKR을 도입한다면 평가 제도를 어떻게 해야 하는지 미리 고민하는 인사 담당자분들은 이 사례들을 참고하시면 도움이 될 것입니다.

# OKR과 KPI의
# 공통점

이번 장에서는 주로 OKR과 KPI의 차이점을 비교하며 말씀드렸지만, 사실 공통점도 있습니다. 바로 MBO를 제대로 구현할 수 있도록 도와주는 도구라는 점입니다. 앞서 1장에서 설명 드린 바와 같이 MBO는 '목표와 자기 통제에 의한 경영(Management By Objectives and Self-control)'이고, 상사와 부하가 계획을 같이 세우고(Jointly Plan), 합의된 목표에 따라 자율적으로 행동하고(Individually Act), 관리도 함께하는 것(Jointly Control)이 바람직한 MBO의 프로세스라고 말씀드렸죠. 그런데 어느 순간 자기 통제가 사라지고, 목표는 숫자로 변질되었습니다. 그러면서 아까 언급한 KPI 제도 하에서의 온갖 Top-down 방식이 굳어진 거죠.

OKR도 MBO를 구현하는 방법론입니다. OKR을 처음 이야기한 인텔 창업자 앤디 그로브도, 저서 『하이아웃풋 매니지먼트』에서 OKR을 MBO 방법론으로 제시했습니다. Objective와 Key Result로 목표를 관리하면서, 자기 통제를 강조했던 피터 드러커의 원래 취지를 최대한 살리려고 했던 거죠.

OKR에 대한 강의를 듣다가 'KPI와 OKR 은 본질적으로 같은 거 아니냐' 질문하는 분들이 계신데, 한편으로는 맞는 말입니다. 둘 다 MBO라는 철학을 잘 구현하도록 도와주는 방법론이니까요. 다만 그 본질이 담긴 그릇, 운영 프로세스가 다른 거라고 생각합니다. 앞서 OKR과 KPI를 비교할 때 설명한 것처럼, '어떤 회사가 KPI를 쓴다' 했을 때 으레 떠오르는 운영 프로세스가 MBO의 원래 취지에서 벗어나 있으니 굳이 OKR이라는 새로운 이름을 써서라도 다른 운영 방식으로 성과 관리를 하고 싶은 게 아닐까요?

KPI를 쓰더라도 Jointly Plan, Individually Act, Jointly Control 하는 원래 취지가 잘 지켜지고, 지표만 있는 게 아니라 Why를 설명해주는 문장이 따로 있고, 목표가 위에서부터 할당되어 내려오는 게 아니라 Top-down, Bottom-up이 균형을 이루고 있으면 OKR은 안 하셔도 됩니다. 연간 목표만 있는 게 아니라 좀 더 시장 상황에 맞는 분기별 목표도 운영하고, 무조건 100% 달성해야 하는 필수 목표가 아니라 도전이나 혁신을 위한, 70~80%만 해도 잘한 목표들로 운영하고 계시면 OKR 안 하셔도 됩니다. 회사 내에 여러 레벨의 부서들이 서로 어떤 목적을 가지고 움직이는지 공유되고, 완전하게 정렬되어 있다면 OKR 안 하셔도 됩니다. 연초에 인사 시스템에 KPI 목표 입력해 놓고 일년에 딱 두 번 피드백 하는 것이 아니라 수시로 1on1 대화를 나누고 있다면 OKR 안 하셔도 됩니다.

반대로, OKR 이름을 쓰면서 Key Result를 위에서 할당하고, 한 번 세워놓고 중간에 1on1 대화 없이 방치하고, 도전적인 목표가 아니라 100% 달성할 수 있는 목표로만 운영하면서 달성률로 사람 평가할 거면, OKR을 어렵게 도입하실 필요 없습니다. 이건 그냥 기존에 하던 방식에서 이름만 바꿨을 뿐이니까요.

단순히 제도를 바꾸는 것이 아니고, 회사의 체질을 바꾸는 게 중요합니다. MBO의 원래 철학인 "Jointly Plan, Individually Act, Jointly Control"이 되도록 말입니다.

# OKR을 가볍게 적용해보고 싶을 때 고려할 점

'현실적으로 KPI 성과 평가는 포기할 수 없다, 하지만 OKR 방법론은 어떻게든 적용해 보고 싶다' 하는 인사 담당자 분들이 계실 겁니다. 예를 들어 경영진의 의지가 있어서 정식으로 OKR을 도입하는 상황은 아니지만, 인사 담당자 차원에서 KPI 목표 수립 단계에 OKR 개념을 가볍게 적용해 보고 싶은 경우죠. 팀장들을 모아서 워크숍 한 번 하면 되지 않을까 생각하시는 경우가 있는데 이럴 경우 미리 고려해야 할 포인트들이 있습니다. 다음은 실제로 제가 강의하면서 질문 받았거나 강의 중 제 스스로 고민했던 내용들입니다. 아래 이슈에 대해 우리 회사 내지는 인사팀의 입장은 무엇인지 한번 생각해보시기 바랍니다.

## 1. 목표를 어디까지 정렬시킬 것인가

OKR은 궁극적인 Objective, 미션을 향해서 조직을 한 방향으로 정렬시킵니다. 정렬을 시킨다는 이야기는 목표 수립 과정에서 우리 팀의 상위 조직, 또는 하위 조직과 긴밀하게 소통한다는 뜻이고, 더 나아가서는 조직도 상으로는 위아래 붙어 있지 않더라도 회사의 Objective를 위해 협업해야 하는 관계라면 목표를 세울 때부터 같이 논의하고 그게 서로의 목표에 반영되어 있어야겠죠. 이 부분에 대해서는 4장에서 자세하게 설명드렸습니다.

저는 OKR의 여러 장점인 도전, 정렬, 자율, 집중 중에서도 조직을 한 방향으로 정렬시키는 점을 중요하게 생각하고, 워크숍 중에도 팀별 정렬에 대한 실습 시간을 둡니다. 작은 회사에서 전사가 같이 교육을 듣는다면 상관없는데, 큰 회사에서 여러 차례에 걸쳐 워크숍을 진행할 때 가끔 문제가 생깁니다. 워크숍을 통해 팀별 OKR을 만드는 것만 생각하고 애초에 교육 참여 인원 구성 자체가 팀 경계를 넘어선 정렬에 대한 이야기를 할 수 없게 되어 있다면, 참가자 분들이 뭔가 논의를 하다 만 것 같은 느낌을 받으시는 거죠. 전사가 교육에 참가하는 게 아닌 경우에도 문제가 생깁니다. 우리 팀은 정렬까지 해보고 싶은데, OKR을 연결시켜야 할 다른 팀들이 워크숍을 안 들었다면 그냥 포기하시는 것 같습니다. OKR 개념도 잘 모르고 정렬의 중요성도 모르는 분들과 OKR 정렬 이야기를 하기는 쉽지 않죠.

### 2. 팀 목표를 다른 팀에 공개할 것인가

OKR은 회사 내부에서도 비밀이거나 민감한 내용이 아니라면 전사 공유가 기본입니다. 그래야 서로 어떻게 정렬되는지 관계가 보이겠죠. 그런데 KPI는 조직도 경계를 조금만 벗어나면 다른 팀 목표가 뭔지 모르는 경우가 많고, 심지어 팀원들이 자기 팀 KPI가 뭔지 모르는 경우도 있죠. 여기에 익숙해져서 OKR을 도입하고도 '우리 팀 OKR 옆 팀에서 못 보게 해주세요' 요청하시는 경우가 있습니다. 반대로 제가 OKR 강의 중에 정렬을 강조하면 '우린 다른 팀 목표 뭔지 모르는데? 앞으론 서로 다 볼 수 있다는 얘긴가?', '다른 팀 목표가 안 보이는 지금 우리 회사 제도가 뭔가 잘못된 건가?' 같은 질문을 인사팀에 던지는 분들도 있습니다.

### 3. 개인 목표를 만들 것인가

앞서 4장에서 OKR을 개인 레벨까지 내리지 않는 걸 추천드렸습니다. 팀 OKR에서 KR과 Initiative의 책임자를 명시하는 것만으로 OKR의 효과는 충분히 누리실 수 있고, 개인 OKR을 만들면 OKR을 너무 평가의 관점에서 보게 되며 현실적으로 관리해야 할 OKR 개수도 너무 많아지게 되죠.

요즘은 내부 경쟁을 줄이고 팀워크를 강조하기 위해서 성과 평가나 업적 평가할 때 팀 단위로만 평가하는 회사들이 많습니다. 거기에 개인별로 역량 평가를 넣어서 최종 평가를 하죠. 그런 경우엔 상관 없는데, KPI를 개인 단위까지 내리는 회사들은 여기에 OKR 개념을 적용하면 나중에 개인별 OKR이 나오는 것으로 기대하시는 경우가 있습니다. 저는 워크숍할 때 팀 OKR까지만 언급하고 개인 OKR 이야기를 하지 않거나, 어쩔 때는 아예 개인 OKR을 만들지 말라고 이야기를 하니까, 미리 정해 놓지 않으면 직원들에게 엇갈린 메시지가 나갈 수 있습니다.

## 4. 분기 목표를 관리할 것인가

KPI로 성과 관리할 때는 보통 연간 목표 하나만 두는 경우가 많습니다. 그리고 그 연간 목표를 세울 때 참고할 수 있도록 OKR 강의를 요청하는 게 보통입니다. 그런데 OKR은 회사나 바로 아래 사업부 차원 정도는 연간 OKR로 두고, 하위 조직들은 거기에 이번 분기에 어떤 기여를 할 것인가, 분기 OKR을 둔다고 말씀드렸습니다. 제가 강의를 하면 중간에 실습을 할 때도 미리 별다른 부탁이 없다면 팀의 분기 OKR을 만들어보게 합니다. 그런데 연간 목표만 운영할 거라면 분기 OKR을 왜 만드는지 헷갈릴 수 있기 때문에, 이 부분에 대해 미리 회사 방침을 정해두는 것이 좋습니다.

인사팀 차원에서는 각 팀의 연간 목표만 관리하더라도, 워크숍에 참석하는 팀장님들은 자기 팀을 관리하기 위해 분기 OKR을 내부적으로 운영해 보시는 걸 추천드립니다. OKR은 만든 이후에도 주간 회의나, CFR을 통해서 지속적으로 관리하는 것이 중요한데, 연간 목표만 작성해 놓다 보면 그중에 이번 분기에는 상관없는 내용도 많을 겁니다. 있더라도 굉장히 하이 레벨의 이야기만 있고 디테일한 내용은 빠져 있어서, 그걸 보면서 주간 회의를 하시기는 쉽지 않을 겁니다. 그래서 이왕 OKR 개념을 활용하실 거라면 팀 내부에서 분기 OKR을 운영해 보시는 걸 추천합니다.

# OKR 도입 시 CEO의 역할

OKR은 단순한 인사 제도가 아니라 회사의 일하는 방식, 소통하는 방식을 바꾸는 도구입니다. 조직의 풍토를 바꾸는 일이니 인사 담당자의 노력만으로 OKR이 자리잡기는 어렵습니다. OKR을 소개하고 실행을 돕는 것은 인사의 역할이지만, 구성원들이 어떤 반응을 보이는지는 CEO가 얼마나 진정성 있게 OKR을 활용하는지에 달려있습니다. OKR이 제대로 자리잡으려면 CEO는 다음 포인트들을 주의하셔야 합니다.

## 1. OKR 도입 취지를 명확히 이해하고, 인사팀과 말을 맞춰야 한다

'요즘 OKR이 유행인 것 같다', 'OKR을 쓰면 직원들 연봉 협상할 때 도움이 될 것 같다' 등의 이유로 OKR 도입을 명(?)하는 경우가 많습니다. OKR을 도입하면 어떤 점이 달라지는지, 기존의 성과 관리와 어떤 차이가 있는지 잘 모르는 상태에서 왠지 있어 보이니까 해보는 거죠. 반대로 CEO가 이해가 덜 된 상태로 인사팀에서 하자고 하니 그냥 따르는 경우도 있습니다.

OKR의 도입 취지에 대해 CEO와 인사팀이 자꾸 상반된 메시지를 내보내면 구성원들은 혼란에 빠집니다. 도전적인 KR을 정하라고 해 놓고 달성 못했다고 인사상의 불이익을 받는 게 아닌지 걱정하기도 하고, OKR이 일 똑바로 하고 있는지 감시하는 도구나 윗사람이 원하는 일을 강요하는 도구인 것처럼 받아들이기도 합니다. 이 책을 여기까지 읽으셨다면, CEO 입장에서 OKR의 취지에 충분히 공감이 되는지 생각해 보세요. 만약 우리 조직에는 평가나 모니터링 제도 개선이 우선이다 싶다면 OKR이 아니라 다른 도구를 먼저 도입하시는 것이 맞습니다.

## 2. OKR의 맥락을 풍성히 제시한다

OKR은 정렬 관계를 통해 구성원들에게 이 일을 왜 해야 하는지 이유와 맥락을 제시합니다. Objective 문장을 거슬러 올라가다 보면 어느 정도 알 수 있긴 하지만, 좀 더 자세한 설명이 있다면 이해에 도움이 되겠죠. 전사 차원의 Objective를 왜 이렇게 정했는지, 현재 시장 상황 및 경쟁 현황에 대한 경영진의 관점과 우선순위를 충분히 설명해 주는 것이 필요합니다. 맥락이 주어져야 구성원들이 자기 조직의 OKR을 설정하고 스스로 동기 부여하는 데도 도움이 되고, 그렇게 만들어진 OKR이 한 방향으로 정렬될 가능성이 높습니다.

충분한 맥락을 제공하지 않으면 OKR이 '위에서 정한 일을 밑으로 내리는 도구'로 전락하거나, 정렬이 제대로 되지 않은 OKR이 나오게 됩니다. 어느 쪽이든 이 책의 제목인 'Why를 소통하는 도구'라기엔 아쉬운 상황입니다.

## 3. OKR을 최대한 활용한다

OKR과 대시보드는 공존할 수 있는 관계입니다. 주간 회의도 둘 모두를 활용할 수 있죠. 현재 실적과 관련된 주요 지표들은 대시보드에서 확인하고, 미래를 위한 준비는 OKR을 보면서 논의할 수 있습니다. 그런데 CEO가 주간 회의, 월간 회의를 대시보드만 보면서 지적하는 식으로 진행한다면, 조직의 누구도 OKR을 신경 쓰지 않을 겁니다. 할 일 점검 위주로 진행하는 회의도 마찬가지입니다. O와 KR을 건너 뛰고 각자 뭘 하고 있는지 Initiative 진척도만 이야기하는 조직에서도 OKR이 자리잡기 쉽지 않습니다.

CEO가 OKR을 경영 도구로 활용해야 중간 관리자들도 OKR을 자기 조직 관리에 사용합니다. OKR 외에 다른 보고 자료를 최대한 줄여 나가야 OKR이 힘을 받을 수 있습니다.

## 4. CFR의 모범을 보인다

우리나라에서 '상시 피드백'이 자리를 못 잡는 이유가 무엇일까요? 우리나라 사람들이 피드백에 익숙하지 않아서일까요? 제 생각엔 '윗분들이 안 하기 때문'이 더 크다고 생각합니다. 앞서 1on1은 2주에 한 번, 적어도 한 달에 한 번을 추천드렸는데, 어느 쪽이든 CEO도 실천할 수 있는 주기로 잡으시는 것이 중요합니다. OKR과 마찬가지로 CEO가 CFR을 하지 않으면 아무도 안 합니다. 'CEO는 너무 바빠서 어쩔 수 없다', '1on1에서 예외로 해 달라', 이런 핑계는 절대 안 됩니다. 1on1을 꾸준히 하는 리더는 자기가 지금 별로 안 바쁘다고 전사에 광고하는 셈이 될 테니까요.

대상자를 줄여서라도 CEO가 먼저 정기적인 1on1의 모범을 보이셔야 합니다. 정해진 시간을 1on1을 위해 미리 떼어놓으시고, 다른 리더들에게도 자기 일정표에 1on1 시간을 미리 표시해 두라고 요구하셔야 합니다.

# '이 사람과 같이 일하고 싶다'를
# 평가 질문으로 써도 되나요?

딜로이트의 평가 문항 중에 '2. 성과를 고려할 때, 나는 언제든지 이 사람을 팀원으로 받아들이고 싶다'가 있습니다. 그런데 국내 모 IT 기업에서 '이 동료와 다시 함께 일하시겠습니까?'라는 평가 항목 때문에 문제가 된 적이 있습니다. 이 질문 때문에 스트레스가 심하다는 블라인드 글이 올라오면서 비인간적이라는 비판을 받았죠. 질문 문항이 워낙 비슷해서, 기사를 읽으면서 '이 회사가 혹시 딜로이트 사례를 참고했나?' 생각이 들었습니다. 그런데 딜로이트와 해당 IT 기업의 평가는 맥락 측면에서 몇 가지가 다릅니다.

우선 딜로이트는 프로젝트 단위로 돌아가는 조직입니다. 짧으면 2~3개월, 길어도 1년 정도면 프로젝트가 끝나고 다른 프로젝트로 투입되면서 새로운 사람들과 한 팀이 되어 일하게 되죠. 평가도 연말에 한 번이 아니라 분기 단위로 하게 되어 있습니다. 어떤 PM(Progect Manager)이 이번 분기에 팀원 A와 같이 일하고 싶지 않다고 평가했다면, 아마 다음 프로젝트부터는 서로 다른 프로젝트에서 일하게 되었을 겁니다. 팀원 A가 여러 PM에게 비슷한 평가를 받으면 이 사람에게 문제가 있는 것이겠지만, 다른 PM에게는 긍정적인 평가를 받을 수도 있습니다. 제가 컨설팅 회사에서 일할 때도 그런 사례들이 많았습니다. 반면에 모 IT 기업은 한번 같은 팀이면 별다른 인사 이동이 없는 한 계속 같이 일하게 되는 구조로 보입니다. 즉, 팀원 중에 누군가가 나와 일하기 싫어한다고 해도 그 사람과 오랜 기간 같이 일할 수밖에 없는 것이죠.

게다가 PM 한 명에게 평가를 받는 딜로이트 방식에 비해, 해당 기업은 팀원 여러 명에게 동료 평가 형태로 점수를 받았습니다. 상사에게 안 좋은 평가를 받는 것은 모든 조직에서 일어날 수 있는 일이지만, 동료들이 당신이랑 일하기 싫어한 다는 메시지를 주는 조직은 흔치 않습니다. 이 부분에서도 거부감이 있었을 것 같습니다.

마지막으로 딜로이트는 평가 제도를 바꾸면서 'PM이 모든 팀원을 일주일에 한 번씩 면담할 것'이라는 전제 조건이 붙었다고 했습니다. 그러니 '이 사람을 팀원으로 받고 싶지 않다'는 평가가 나오기 전에 이 주제에 대해 몇 번은 서로 대화를 했을 것입니다. 즉, CFR이 기반에 깔려 있기 때문에 이런 방식의 평가가 가능했던 것입니다. 반면에 이슈가 된 기업은 PM의 평가가 아니라 동료 평가에 이 질문이 들어가 있으니, 누군가에 대한 불만을 일 년 내내 가지고 있다가 연말 평가 때 안 좋은 점수로 표현했을 가능성이 있습니다. 평소에는 눈치채지 못하고 다들 친하게 지냈는데 갑자기 누군가 그동안 나랑 일하기 싫어했다는 걸 알게 되면 배신감이 들지 않을까요? 맥락과 CFR 없이 평가 질문만 참고하다 보니 이런 이슈가 생기지 않았을까 추측해 봅니다.

# OKR 도입 실무자 인터뷰:
# 카카오페이 기술플랫폼실 김해영님

## ▎OKR을 도입하게 된 계기

기존 년 단위의 성과 관리 시스템에서 개선해야 할 부분들이 발견됐습니다. 연간 KPI로 목표를 설정하고 조직을 운영했을 때, 중간 과정의 리뷰와 피드백이 활발하지 않았으며, 이로 인해 연말을 타깃으로 한 실행이 연초 계획 대비 성과가 미진한 부분이 발생했고, 개선점에 대한 회고가 명확히 이루어지지 않았습니다. 특히 결과 중심적으로 년 단위 피드백이 이루어진다는 점과 정량적인 평가가 취약한 부분에 대해 보완할 필요성을 느끼게 되었습니다. 현재는 OKR이 전사적으로 시행되지는 않지만, 기술 조직을 중심으로 시행을 해오고 있습니다.

## ▎OKR을 도입할 때 고민했던 부분

OKR이 모든 것을 해결해주는 툴이 아니고, 일부 인원으로 일하는 문화를 바꿀 수 없다는 것도 인지하고 있습니다. OKR을 도입할 때 중점적으로 고민했던 부분은 '어떻게 하면 전체 구성원들이 OKR의 취지를 이해하고 공감대를 이루어 나갈 수 있을까?'입니다. 쉬운 일은 아니었습니다. 특히, 많은 구성원이 OKR을 적용하면 KPI를 대체하는 것인지 물을 정도로 낯설어했기 때문에, KPI와 OKR의 관계에 대한 이해도를 높여야 했습니다. 저희는 KPI와 OKR은 서로 다른 용도로 사용되지만, 개별로 움직이는 것이 아니고 서로 Align 되어 있으며, OKR은 KPI의 연간 목표를 달성하기 위한 분기별 일하는 방식으로 카카오페이의 OKR을 정의했습니다. 실행 초기에는 구성원들이 OKR의 목적성에 대해 이해할 수 있도록 만드는 데 역점을 뒀고, 실행하는 과정에서 최대한 커뮤니케이션을 늘리면서 서서히 공감대를 형성할 수 있었습니다. 다른 한 가지는 전사적으로 시행하지 않고 기술 조직만 진행했을 때의 한계에 대한 고민이었습니다. 기술 조직도 마찬가지로 전사와 Align 된 KPI가 있었고, OKR은 KPI의 년 단위 목표를 달성하기 위한 분기별 일하는 방식으로 정의했기 때문에 진행하는 데 크리티컬한 문제는 없었다고 생각됩니다. 현재는 OKR 적용 조직을 확대하고 있고, 추후 전사적으로 적용하는 것도 고려하고 있습니다.

## | OKR을 도입하고 나서 조직의 달라진 점

조직의 미션과 목표를 달성하기 위해서는 하나의 팀이나 구성원 개인의 노력보다는 전체 조직이 함께 Align 된 목표와 과제를 가지고 진행해야 합니다. OKR을 진행하면서 조직 간 목표의 동기화를 통해서 가시화가 가능해졌고, 목표 의식이 보다 명확해졌습니다. 또한 팀별 분기 OKR 계획 수립 시 목표에 대해 다시 한번 생각해 보게 되고, 보다 계획적으로 업무를 수행하는 데 도움이 됐습니다. OKR 진행 과정에서 지속적인 과제 체크 및 주기적인 회고, 피드백을 통해서 업무 진행 과정에서 발생하는 문제점을 조기에 인지하고 변화에 대한 대응과 신속한 의사결정으로 애자일하게 해결할 수 있는 발전적인 문화가 형성되었다는 부분입니다.

## | OKR을 도입하고 나서 고민되는 부분

OKR을 진행한다고 해서 모든 업무가 수월하게 진행되는 것은 아닙니다. 팀의 업무 성격, 리더와 팀원 간의 업무 방식, 조직의 문화에 따라서 편차가 있기도 합니다. OKR은 분기 목표 설정, 진행 상황 체크, 회고의 과정을 진행하게 되고 특히 업무 진행 중에 지속적인 체크와 피드백이 잘 진행되지 않는다면 연간 KPI에서 발생했던 문제점들이 OKR에서도 동일하게 발생할 것입니다. 그렇기 때문에 진행 상황을 지속적으로 체크하고 리더와 팀원 간의 CFR(Conversation, Feedback, Recognition)이 중요하다고 생각합니다. OKR을 확대 적용하면서 팀별 편차가 좀 더 심화되기도 했는데, 이 부분을 어떻게 개선하고 해결할지 계속 고민하면서 노력하고 있습니다.

# Objectives and Key Results

# OKR이 조직에
# 주는 가치

OKR은 MBO 철학에 기반한 성과 관리 도구입니다. 다만 '성과 관리'라는 단어 자체의 의미가 연초에 목표 세우고 연말 가서 평가하는 게 다가 아니었던 거죠. 조직의 전략적 목표를 달성하기 위해 일 년 내내 지속되는 리더와 팀원 간의 의사소통 프로세스가 성과 관리이기 때문에, 이것이 바뀌면 조직의 소통 방식, 더 나아가 조직 문화가 바뀔 수밖에 없습니다.

1장에서, OKR의 도입 효과로 네 가지를 말씀드렸습니다. 도전, 정렬, 자율, 집중입니다. 아마 OKR 개념과 작성법, 운영 방법에 대한 상세한 설명을 읽으시면서 OKR이 어떻게 이 네 가지 요소를 자극할 수 있는지 이미 느끼셨을 겁니다. 이번 장에서는 주요 내용을 마지막으로 한 번 더 정리해 드리면서, 도입 취지를 살리려면 어떤 부분을 조심해야 하는지 알려드리려 합니다.

# 도전

OKR은 지금처럼 하면 60~70% 달성 가능한 스트레치 골을 강조합니다. 새로운 시도나 혁신을 유도하기 위해서입니다. 물론 모든 Key Result가 이렇지는 않을 수 있습니다. 업무 성격에 따라 100%를 해 줘야 하는 필수 KR도 있을 수 있고, 완전히 새로운 영역을 시도할 때는 0%만 아니면 다행인 혁신 KR도 있을 수 있습니다.

OKR을 처음 도입하면 아무래도 필수 KR이 많을 수 있습니다. 100% 달성을 가정하는 기존의 목표 설정에 익숙하다 보니 그걸 그대로 OKR 칸에 옮겨 적기 때문입니다. 처음엔 이렇게 하셔도 되지만, OKR을 두 번째, 세 번째 정할 때는 점점 도전과 혁신 KR의 비중이 높아지는 것이 좋습니다. 계속 필수 KR 위주로만 운영된다면 OKR 도입의 취지를 제대로 살리고 있는 게 맞는지 고민할 필요가 있습니다.

KR을 도전적으로 잡는 것도 중요하지만 이걸 계속 유지하는 것이 더 중요하고 어렵습니다. OKR을 놓고 주간 회의 하시면서 '왜 진척도가 이것 밖에 안돼요?'처럼 지적하는 말을 하시면, 사람들이 점점 달성하기 쉬운 목표만 세우려고 할 것입니다. 주간 회의는 진척도보다는 자신감 지표 위주로, 서로 어떻게 도와줘야 할지 이야기하는 것이 좋습니다. 팀이 같이 하는 주간 회의뿐만 아니라 1on1 대화 때도 마찬가지입니다.

그리고 KR 진척도로 평가하거나 보상하지 않는 것이 중요합니다. OKR에 관심 있으신 분들은 OKR을 평가에 쓰지 말라는 이야기를 여러 번 들어 보셨을 겁니다. 저는 '느슨한 연결'이라는 표현을 더 좋아합니다. OKR과 평가가 완전히 별개일 수는 없습니다. OKR은 조직의 목적지를 나타내는데, 목적지를 향해 열심히 달렸더니 평가는 별개라며 C가 나온다? 말이 안 되는 이야기죠.

OKR을 평가에 쓰지 말라는 것은 Key Result의 달성률을 평가 점수에 그대로 반영하지 말라는 뜻입니다. 예를 들어 A 팀원이 책임지고 있는 KR 달성률이 70%였고, B 팀원이 책임지고 있는 KR 달성률이 75%였다고 합시다. 그럼 75% 달성한 팀원이 꼭 더 잘했다고 볼 수 있을까요? 만약 A 팀원의 KR은 거의 도전 KR이었고, B 팀원의

KR은 모두 필수 KR이었다면 어떨까요? KR 달성률을 평가의 기준으로 쓰려면 애초에 KR끼리 난이도를 맞추는 데 많은 시간을 들여야 할겁니다. 혁신, 도전, 필수 KR의 달성 난이도를 맞춘다는 게 말이 안 되기도 하고, 서로가 눈치를 보며 점점 달성하기 쉬운 목표를 세우려 하겠죠. OKR을 평가에 쓰기 위해 KR의 난이도 조절에 시간을 쓰는 게 성과 관리의 원래 취지는 아닌 것 같습니다.

달성률을 점수화 해서 줄 세우지 말고, '이 사람이 기대한 성과를 냈나요?(KR)', '이 사람이 OKR을 달성하기 위해 충분히 노력했나요?(Initiative)' 같은 질문으로 정성 평가 하는 것을 추천드립니다. KR이나 Initiative 달성률은 이러한 정성 평가의 근거 자료는 될 수 있지만, 달성률 75%인 사람이 무조건 달성률 70%인 사람보다 높은 평가를 받는다는 보장은 없어집니다. 그리고 이러한 정성 평가는 KR과 Initiative 달성률이 아니라 그동안 꾸준히 나눈 1on1 대화 내용이 근거가 되어야 합니다. 목표 수립과 기대치, 피드백에 대한 대화를 평소 꾸준히 나눴다면, 평가 결과가 당사자에게 서프라이즈로 느껴지지는 않을 겁니다.

# 정렬

OKR은 조직을 한 방향으로 정렬시켜 줍니다. 가장 궁극적인 목적지가 회사가 존재하는 이유 즉, 미션이고, 그 방향성에 따라 중장기 목적지인 비전과 연간 OKR이 있습니다. 회사의 전략 방향을 달성하기 위해 각 조직들이 실행해야 하는 분기 OKR들이 아래 정렬돼 있죠. 이렇게 연결된 OKR에는 Initiative가 있고, 결국 이 Initiative가 실제 사람들이 해야 할 업무, 프로젝트가 됩니다. 내가 하는 일이 회사의 전략 방향, 더 나아가 회사의 미션에 어떤 기여를 하는 것인가, 깨닫게 되고 방향이 정렬되는 게 OKR의 장점입니다.

이렇게 하려면 전사 OKR을 연결시키는 과정이 필요하지만 실제론 케이스가 좀 나닙니다. 제게 자문을 요청한 곳에서도 정렬이 복잡해 보이니 팀 OKR만 만들고 그 상위 조직은 따로 OKR을 안 만들겠다 한 곳이 있습니다. 또 본부간 조율이 잘 안 되니 각 본부 안에서만 정렬을 해보겠다는 곳도 있었습니다. 어느 쪽이든 정렬의 효과를 좀 낮추는 것 같습니다. 사내 정치나 여러 복잡한 사정으로 그런 결정을 내렸겠지만, 반대로 그런 상황을 돌파하는 게 OKR의 도입 취지가 아닐까요?

스타트업에서는 미션이 없는 경우도 있습니다. 창업자가 해결하고 싶은 문제는 있는데 문장으로 깔끔하게 정리가 안 된 경우도 있고, 미션 자체가 모호한 경우도 있습니다. OKR의 궁극적인 목적지가 미션인데 미션이나 비전이 없으면 멀리 봐도 연간 OKR 정도 밖에 운영할 수 없겠죠. 물론 스타트업은 워낙 변화가 심하고 미래 예측이 어렵기 때문에 중장기 계획은 중요하지 않다고 생각할 수 있지만, 예측이 어렵더라도 중장기 그림을 가지고 있는 게 구성원들의 동기 부여나 심지어 채용에도 긍정적인 영향을 미칠 수 있습니다.

대기업은 웬만한 건 다 갖춰져 있기 때문에 미션, 비전이 없는 경우는 잘 없습니다. 대신 다른 문제가 있는데, 바로 '우리 팀 OKR을 다른 팀이 못 보게 하면 안 되나요?'라는 질문입니다. 기존의 KPI는 팀원이 자기 팀 KPI를 모르는 경우도 많았고, 다른 팀의 KPI는 더욱 알 수 없었습니다. 저 팀이 무슨 일을 하는지는 알지만, 무엇을 목표로 하는지는 모른 채 같이 협업해야 하는 아이러니한 상황이 많았죠.

여기에 워낙 익숙해지다 보니 특히 대기업 대상으로 OKR 강의를 할 때는 OKR도 다른 팀에 보여 주기 싫다는 반응이 있습니다. 저희는 OKR 관리 솔루션도 서비스하고 있기 때문에 다른 팀에서 못 보게 하는 기능을 추가해 달라는 요청도 받습니다. 물론 M&A 관련된 OKR이나, 일부 인사팀 OKR 등 민감한 것도 분명 있습니다. 하지만 공개가 기본이고 예외적으로 일부를 숨겨야 하지, 모르는 게 기본이고 일부만 공개하는 것은 기존의 KPI와 별반 다를 바 없어지는 것 아닐까요? 정렬이 제대로 되려면 서로 다른 팀이더라도 각자의 목적이 무엇인지 알고, 어떤 공동의 목적으로 묶이는지 이해하고 있어야 합니다.

존 도어는 구글에 OKR을 소개할 때, '조직 전체가 동일한 목표에 관심을 집중하도록 만들어주는 것'이라 표현했습니다. 그만큼 OKR에 있어 정렬은 중요합니다.

# 자율

OKR은 Top-down과 Bottom-up이 균형을 이루는 것이 중요합니다. 조직의 미션, 비전과 회사 차원의 연간 OKR을 정하는 데는 Top-down 형태로 의견이 강하게 반영됩니다. 대신 하위 조직으로 내려올 수록 OKR에 Bottom-up 방식으로 의견이 반영되는 비중이 늘어납니다. 공동의 목적을 향해 어떻게 기여할지 스스로 고민하는 것이 OKR에서의 '자율'입니다. 하위 조직으로 내려와도 OKR을 리더가 혼자서 정하거나 심지어 상위 조직에서 정해주는 식이 반복되면 그만큼 자율성이 침해됩니다.

Objective를 정할 때도 구성원들이 동기 부여될 수 있는, 스스로 도전하고 싶은 문장을 정해야 하고, Key Result도 상위 조직의 목표를 일방적으로 할당받지 않는 게 좋습니다. 구성원들이 OKR에 본인들 의견이 충분히 반영되었다고 느껴야 자율적으로 일하고 싶어집니다. OKR을 새롭게 도입했는데 여전히 목표는 억지로 떠맡는다 느끼면 '기존의 성과 관리와 달라진 게 뭐지'하고 바로 불만이 터져나올 것입니다.

특히 OKR을 달성하기 위한 Initiative는 담당자 본인의 의견이 많이 반영되어야 합니다. MBO는 원래 목표와 자기 통제에 기반한 경영입니다. MBO의 세 가지 프로세스, Jointly Plan, Individually Act, Jointly Control을 기억하시나요? OKR을 정할 때 Bottom-up 의견을 반영하는 것이 Jointly Plan이고, 그것을 어떻게 달성할 것인지 Initiative는 담당자에게 자율권이 주어져야 합니다.

내야 할 성과뿐만 아니라 어떻게 해야 하는지까지 일일이 간섭하는 관리자를 마이크로 매니저(Micromanager)라고 합니다. 마이크로매니저는 자기가 해본 방법, 자기 생각에 옳은 방법에 집착하면서 팀원들이 스스로 고민하지 못하게 합니다. 어떤 성과를 내야 하는지보다 지금 어떤 일을 하고 있는지에 더 관심이 많고, 진행 상황에 대해 수시로 보고 받기를 원합니다. 마이크로매니저 밑에서 일하는 사람들은 주도성이 떨어지고 성취감을 느끼지 어렵습니다. 설령 일이 잘 되더라도 본인이 고민해서 이룬 성과가 아니니까요.

마이크로매니저의 가장 큰 문제점은 리더가 만들어지지 않는다는 점입니다. 의사 결정을 내리는 것도 연습이 필요합니다. 팀원일 때부터 본인이 맡은 영역에서 스스로 고민하고 결정하는 연습이 되어 있어야 팀장의 자리에서 더 큰 결정을 내릴 수 있는데, 늘 시키는 일만 하다가 갑자기 일을 시켜야 하는 자리로 가면 당황하는 것이죠. 게다가 '팀장은 원래 세세하게 지시해야 하는 것'이라는 잘못된 인식이 생겨서 본인도 그대로 행동할 수 있습니다. 팀원일 때는 그렇게 싫었는데 막상 본인이 그 자리에 서니 같은 행동을 답습하는, 마이크로매니징의 악순환입니다.

# 집중

구글에는 '3-3-3' 원칙이 있습니다. 3개월 동안 집중할 3개의 Objective, 그리고 Objective마다 3개의 Key Result를 세워야 한다는 뜻입니다. 많은 일 중에서 무엇이 더 중요한지 생각하고 거기에 집중하도록 만드는 것이죠. 실리콘밸리의 경우 갑자기 예상치 못한 일이 떨어질 때 '그건 내 OKR에 없는 일이야'는 논리로 거절하는 경우도 있다고 합니다.

실제로 OKR 작성을 하다 보면 인원 수나 맡은 업무의 범위에 따라 다르긴 하지만 팀 Objective는 보통 한 두 개, 많아도 세 개면 충분합니다. 제가 자문한 회사들 중에 팀 Objective가 4~5개 나오는 경우는 크게 세 가지 케이스였습니다. 첫째는 우선순위가 무엇인지 정리가 안 된 경우입니다. 상위 조직의 전략 방향성과 우리 조직의 우선순위를 얼라인 시키는 작업이 필요합니다. 두 번째는 전혀 다른 업무를 하는 사람들끼리 한 팀으로 묶여 있는 경우입니다. 소규모 스타트업에서는 이런 경우가 흔하게 발생합니다. 저희도 겪었던 상황인데요, 회사 자체가 일곱 명 정도 되는 하나의 팀이었지만 OKR은 늘 8개 내외를 관리했습니다. 구성원들이 PM, 디자이너, 개발자, 영업, HR 등 각자 영역이 달랐기 때문입니다. 인원 수가 적기 때문에 굳이 구분하지 않았다 뿐이지 사실 맡은 업무로 따지면 한 명 한 명이 모두 한 팀이나 마찬가지였던 거죠. 그러다 보니 팀(회사 전체)이 관리하는 OKR 개수가 많아 보였지만, 만약 회사 내부에 팀 구분을 뒀다면 팀마다 OKR은 하나 또는 두 개였을 것입니다. 만약 스타트업이 아니라 중견 기업, 대기업이면서 팀원들의 업무가 너무 달라 Objective 개수를 줄일 수 없다면 애초에 왜 우리가 같은 팀으로 묶여 있는 건지 좀 더 본질적인 질문이 필요할 수도 있습니다.

Objective 숫자는 몇 개 안 되는데 KR이 일고여덟 개인 경우도 많이 봤습니다. 이건 무조건 KR과 Initiative를 구분하지 않았기 때문입니다. '책에는 가장 중요한 Key Result 서너 개만 정하라고 나오던데 우리는 왜 이렇게 Key Result가 많지? 그런데 왜 줄일 게 없지?' 싶다면 Initiative와 Key Result를 구분하는 것을 추천드립니다.

OKR을 통해 조직이 우선순위에 집중하는 효과를 누리려면 애초에 O와 KR 개수를 잘 잡는 것도 중요하지만, OKR 운영을 어떻게 하는지가 더 중요합니다. 아무리 분기 초에 우선순위 위주로 OKR을 잡았어도 막상 주간 회의를 OKR 없이 하다 보면 점점 집중도가 떨어집니다. 분기 리뷰 때 실제 OKR을 달성하는 데 쓴 시간의 비중이 얼마인지 피드백 해야 하는 이유도 정말 우선순위에 집중했는지 생각해보기 위함입니다.

집중을 극대화하려면 적어도 분기 동안은 OKR을 바꾸지 않는 것이 좋습니다. OKR은 조직의 목적지를 나타냅니다. 3개월이 그리 긴 기간이 아닌데 목적지가 흔들려 버리면 구성원들이 혼란에 빠집니다. 시장이나 경쟁사 같은 외부 환경이 예상치 못하게 급변했다면 또 모를까 윗사람이 한마디 툭 던진 말에 아래 조직의 OKR이 바뀌거나, 아예 OKR 따위 잊어버리고 눈 앞에 떨어진 일에만 몰두하는 상황은 결코 바람직하지 않습니다.

# 하는 일이
# 바뀌어야 합니다

지금까지 OKR 도입의 네 가지 효과를 정리해봤습니다. 그런데 OKR을 도입하자마자 바로 이 효과를 누릴 수 있는 건 아닙니다. OKR은 부적이나 마법의 주문이 아니기 때문이죠. OKR은 조직 문화, 조직의 일하는 방식, 조직이 소통하는 방식을 바꾸는 도구입니다. 조직의 체질을 바꾸는 데는 시간이 걸립니다. 저는 기업에서 강의할 때도 제가 알려드린 모든 것 그러니까 제대로 된 팀 OKR 작성과 조직간 정렬, OKR 주간 회의와 분기 리뷰, 정기적인 CFR을 꾸준히 해도 적어도 두세 분기는 지나야 조직의 분위기가 바뀌는 것을 체감하실 거라 말씀드립니다. SBS의 예능 프로그램 '미운 우리새끼'

에서 김종국이 한 말이 있습니다.

> "내가 한번 운동을 좀 해봐야겠다. 다이어트를 해봐야겠다.
> 건강해져야겠다.
> 오늘부터 운동을 한다고 생각하지 말고 새로운 삶을 산다고
> 생각해야 돼.
> 너의 삶에 운동이 추가된 게 아니고 삶이 변하는 거야."

먹고, 자고, 일하는 생활 패턴은 그대로 두고 일주일에 몇 번 운동 시간만 더해지는 것이 아니라, 삶 자체가 변해야 건강해지든 살이 빠지든 하겠죠. 이걸 OKR에 똑같이 적용해보면 이렇습니다.

> "OKR을 도입해봐야겠다. 성과 관리 방법을 바꿔야겠다.
> 오늘부터 OKR을 써 본다고 생각하지 말고 새로운 일을 한다고
> 생각해야 돼.
> 하던 일에 OKR이 추가된 게 아니고 일이 변하는 거야."

OKR을 처음 배우고 작성할 때는 이미 하기로 정해져 있는 일, 이미 잡혀 있던 목표를 OKR 양식에 맞춰 옮겨 적는 경우가 많습니다. 회사라는 게 앞으로 3개월, 6개월 동안 해야 할 일은 어느 정도 정해져 있기 때문에 처음 배울 때는 어쩔 수 없죠. OKR을 도입한 첫

분기에는 이미 할 일이 정해져 있는 상태에서 OKR을 작성하고 관리하는 일이 추가된 것처럼 느낄 수 있습니다. 일은 그대로인데 괜히 더 번거로워졌다는 말이 나올 수도 있습니다.

하지만 두 번째, 세 번째 분기로 넘어갈수록 OKR을 정하는 과정에서 우리 팀이 다음 분기에 어떤 일을 해야 하는지 도출되어야 합니다. 즉, OKR을 통해 새로운 일을 하시는 겁니다. OKR은 성과를 더 많이 낼 수 있도록 도와주는 성과 개발의 도구입니다. 같은 일을 하면서 성과 관리 방식만 바뀐다고 성과가 커지진 않습니다. OKR이 우리가 무슨 일을 해야 하는지 알려주는 단계까지 경험해 보셔야 도전, 정렬, 자율, 집중의 문화로 변화할 수 있습니다.

앞으로 몇 달치 해야 할 일이 다 정해져 있는 상태에서 OKR 도입 첫 달부터 드라마틱한 변화가 있길 기대하면 오히려 'OKR 별거 없네'로 끝날 수 있습니다. OKR의 효과를 제대로 맛볼 수 있을 때까지 인내심을 가지고 한 분기, 한 분기 사이클을 운영해 보시기를 당부드립니다.

이 책을 읽고 OKR을 시도하실 조직의 리더와 인사 담당자분들을 응원합니다. 또 조직의 구성원으로서 OKR의 여정에 함께하실 분들도 응원합니다. OKR을 개인의 삶에 적용해보고 싶은 모든 독자분들도 응원합니다. 조직의 변화 그리고 삶의 변화를 체험하게 되시길 기원합니다. 감사합니다.

# Objectives and Key Results

부록

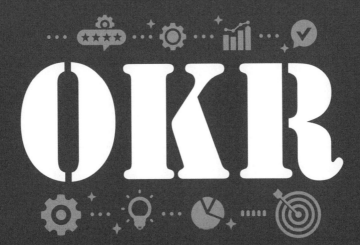

# 부록1.
# 전사 OKR 예시

이 책 곳곳에서 OKR 예시를 부분적으로 보여드렸습니다. 하지만 이렇게 각 조직마다 OKR을 만들었을 때 전사의 OKR은 어떤 모습일지는 아직 잘 상상이 안 되실 것 같아 한 이커머스 회사의 OKR을 예시로 보여드립니다. 그동안 컨설팅하며 봐온 여러 사례들을 부서별로 짜깁기해 놓은 것이고 특정 회사의 실제 사례는 아닌 점 참고 바랍니다.

# · 조직도 ·

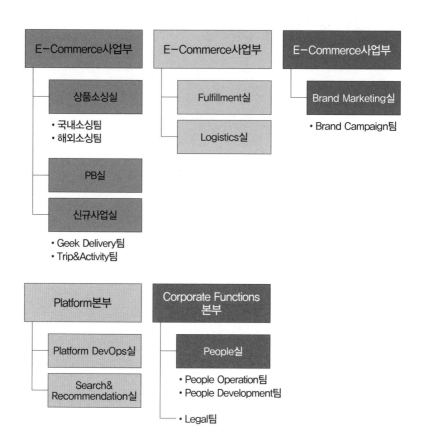

E-Commerce사업부

- 상품소싱실
  - 국내소싱팀
  - 해외소싱팀
- PB실
- 신규사업실
  - Geek Delivery팀
  - Trip&Activity팀

E-Commerce사업부

- Fulfillment실
- Logistics실

E-Commerce사업부

- Brand Marketing실
  - Brand Campaign팀

Platform본부

- Platform DevOps실
- Search&Recommendation실

Corporate Functions 본부

- People실
  - People Operation팀
  - People Development팀
- Legal팀

| [2021년 연간 O] 세상 모든 것을, 가장 빠르게 배달하는 국민에게 가장 사랑받는 브랜드가 된다. | 전사 |
|---|---|
| KR: 판매 제품군 1억 SKU(Stock Keeping Unit) | |
| KR: 4Q 매출 2조 원 | |
| KR: 평균 배송 시간 18시간 이하 | |
| KR: 수도권 레스토랑 8만 개 등록 | |

| [2021년 4Q] 온라인에서 살 수 있는 모든 것을 제공하는 No.1 이커머스가 된다 | E-Commerce사업부 |
|---|---|
| KR: 판매 제품군 1억 SKU 확보 | |
| KR: 3분기 평균 상품 평점 4.5점 이상 | |
| Ini: 주간 품평회 매주 개최 | |
| Ini: 새로운 상품군에 대한 등록 기준 검토 및 추가 | |
| Ini: 시스템에서 지원하지 않던 3개의 배송 업체 추가 등록 | |

| O: 이커머스 브랜드 중에 가장 많은 상품군을 제공한다 | 상품소싱실 |
|---|---|
| KR: 판매 제품군 1억 SKU 확보 | |
| KR: 3분기 평균 상품 평점 4.5점 이상 | |
| Ini: 주간 품평회 매주 개최 | |
| Ini: 새로운 상품군에 대한 등록 기준 검토 및 추가 | |
| Ini: 시스템에서 지원하지 않던 3개의 배송 업체 추가 등록 | |

| O: 판매자들이 가장 선호하는 온라인 채널이 된다 | 국내소싱팀 |
|---|---|
| KR: 마켓플레이스 입점 판매자 100만 개 이상 | |
| KR: 독점 판매 계약 판매자 1만 개 이상 | |
| Ini: 타 플랫폼 인기 판매자 1,000개 이상 전화 미팅 | |
| Ini: 독점 판매 후보 업체 300곳 미팅 진행 | |

| O: 전세계 물건을 Gupang에서 살 수 있게 한다 | 해외소싱팀 |
|---|---|
| KR: 해외 직구 상품 1만 SKU 이상 | |
| KR: 해외 직구 상품 매출 비중 5% 이상 | |
| KR: 해외 직구 서비스 1회 이상 이용 회원 비중 25% 이상 | |
| Ini: 인스타그램 #직구 태그 인기 상품 300개 리스트업 | |
| Ini: 100개 제품 직구 가능 채널 리서치 | |
| Ini: 11월 한 달간 직구 첫 고객 대상 프로모션 진행 | |

| O: 직구 니즈가 있는 국가들의 관세 리스크(risk)를 해결한다 | Legal팀 |
|---|---|
| KR: 이집트 관세법 risk 해결 | |
| KR: 사우디아라비아 관세법 risk 해결 | |
| KR: 아르헨티나 관세법 risk 해결 | |
| Ini: 각 해외 법인의 현지 법무 인력과 주 1회 동향 미팅 (중남미, 중아시아) | |
| Ini: 통관업체 후보군에 대한 계약서 검토 후, 각 법인당 1개 이상의 업체 확보 | |
| Ini: 11월 한 달간 직구 첫 고객 대상 프로모션 진행 | |

| O: 강원, 충청지역 커버리지를 확대한다 | Fulfillment실 |
|---|---|
| KR: 일 20만 건 처리 가능한 XXX 물류센터 오픈 by 11/30 | |
| KR: 일 15만 건 처리 가능한 AAA 물류센터 오픈 by 12/15 | |
| Ini: 설비 설치 완료 by 10/30 | |
| Ini: 관제 솔루션 테스트 완료 by 11/20 | |
| Ini: 운영 인력 계약 완료 by 11/25 | |

| O: 고객의 가정 살림에 보탬이 되는 가성비 PB 제품군을 확대한다 | PB실 |
|---|---|
| KR: PB 브랜드 제품군 300 SKU로 확대 | |
| KR: 경쟁 제품 대비 PB 선택율 20% | |
| KR: PB 제품 영업이익률 15% | |
| Ini: 파이형 과자, 생수, 칫솔 OEM 공장 2곳 이상 수배 | |
| Ini: PB 프로모션 전략 Brand Marketing실 협의 | |

| O: 고객이 검색하기 전에 원하는 것을 추천한다 | Search& Recommendation실 |
|---|---|
| KR: 추천 상품 클릭률 5% 이상 | |
| KR: 클릭 후 전환율 5% 이상 | |
| KR: 검색결과 로딩 시간 0.05초 단축 | |
| KR: 결제 건당 평균 구매 상품 수 2.4개 이상 | |
| Ini: 현 Recommender Logic에 Random Walk 알고리즘 적용 | |
| Ini: 신규 Recommender Logic 사내 pilot test 클릭율 7% | |
| Ini: 카나리 테스트 적용해 배포 전 A/B 테스트 | |

| O: 고객이 놀랄만한 배송 서비스를 제공한다 | SCM본부 |
|---|---|
| KR: 라스트 오더 AM 01:00 | |
| KR: 평균 배송 시간 18시간 이하 | |
| KR: 배송 파트너 1.2만 명 | |
| Ini: 수요 예측 알고리즘 정확도 1.0%p 개선 | |
| Ini: 물류 최적화 프로젝트 | |
| Ini: 배송 파트너 500명 추가 채용(서울/수도권 300명, 부산/영남 100명, 기타 지역 100명) | |

| O: 강원, 충청지역 커버리지를 확대한다 | Fulfillment실 |
|---|---|
| KR: 일 20만 건 처리 가능한 XXX 물류센터 오픈 by 11/30 | |
| KR: 일 15만 건 처리 가능한 AAA 물류센터 오픈 by 12/15 | |
| Ini: 설비 설치 완료 by 10/30 | |
| Ini: 관제 솔루션 테스트 완료 by 11/20 | |
| Ini: 운영 인력 계약 완료 by 11/25 | |

| O: 배송전문 인력풀을 경쟁사보다 먼저 선점한다 | Logistics실 |
|---|---|
| KR: 배송 파트너 1만 2,000명 확보 | |
| KR: 배송 파트너 3개월 이탈률 10% 이하 | |
| Ini: 배송 파트너 채용 공고 업로드 by 9/30 | |

| O: 이커머스 1위 브랜드로 인정받는다 | Brand Marketing실 |
|---|---|
| KR: 2020 대한민국 소비자신뢰 대표브랜드 대상 수상 | |
| KR: 이커머스 브랜드 평판 지수 1위 | |
| Ini: 2022 IMC 전략 수립 | |
| Ini: 포털/SNS 광고 20억 원 집행 | |

| O: 바이럴 될 수 있는 콜라보 캠페인을 진행한다 | Brand Campaign팀 |
|---|---|
| KR: AA, CC 중 한 곳과 콜라보 계약, 진행 | |
| KR: 콜라보 내용 SNS 공유 수 10만 이상 | |
| Ini: 마케팅 에이전시 계약 완료 by 9/30 | |
| Ini: 콜라보 제안서 작성 by 10/20 | |
| Ini: 우리 상품과 어울리는 인플루언서 3인 이상 발굴 | |

| O: 여행/액티비티 예약 시장에 진출한다 | Trip&Activity팀 |
| --- | --- |
| KR: 5성급 호텔 30개 확보 | |
| KR: 액티비티 호스트 100명 확보 | |
| Ini: 5성급 호텔 100개 제안 미팅 | |
| Ini: 타 업체 인기 액티비티 호스트 200명 리스트업 | |

| O: 고객경험 중심의 여행/액티비티 예약 플랫폼을 오픈한다 | Platform DevOps실 |
| --- | --- |
| KR: 평균 체류시간 220초 | |
| KR: 전환율 8% | |
| Ini: UX 기획 및 디자인 완료 by 9/15 | |
| Ini: 페이지 퍼블리싱 완료 by 9/30 | |
| Ini: 프론트/백엔드 개발 by 10/20 | |
| Ini: 상품 실데이터 업로드 및 사내 파일럿 오픈 by 10/25 | |

| [2021년 4Q] 음식 배달대행 시장에서 입지를 다진다 | 신규사업실 |
| --- | --- |
| KR: 레스토랑 10만 개 등록 | |
| KR: 정기 구독 회원 10만 명 달성 | |

| O: 수도권 음식 배달대행 시장에서 돌풍을 일으킨다 | Geek Delivery팀 |
| --- | --- |
| KR: 수도권 레스토랑 6만 개 등록 | |
| KR: 수도권 평균 배달 시간 25분 이하 | |
| Ini: 수도권 레스토랑 12만 개 전화 제안 | |
| Ini: 대형 프랜차이즈 100개 본사 미팅 제안 | |

| O: 음식 배달 파트너 매칭 알고리즘을 최적화 한다 | Search& Recommendation실 |
| --- | --- |
| KR: 음식 배달 파트너 가동률 3%p 증가 | |
| Ini: 다익스트라 알고리즘 적용 모델 테스트 | |
| Ini: A* 알고리즘 적용 모델 테스트 | |
| Ini: DFS/BFS 알고리즘 적용 모델 테스트 | |
| Ini: 시간대별 상이한 모델 적용 테스트 | |

| O: 수도권에서의 음식 배달대행 서비스 인지도를 끌어올린다 | Brand Campaign팀 |
| --- | --- |
| KR: M사 리서치 기준 배달대행 브랜드 평판 지수 2위 | |
| KR: 서비스 검색량 30% 증가 | |
| Ini: 포털/SNS 광고 5억 원 집행 | |
| Ini: 수도권 버스/지하철 종합 광고 5억 원 집행 | |

| O: 누구나 도전할 수 있는 가성비 좋은 파트타임 일자리를 창출한다 | People Operation팀 |
| --- | --- |
| KR: 배달 파트너 3만 명 등록 | |
| KR: 5회 이상 배달 파트너 1만 명 이상 | |
| KR: 배달 파트너 노무 이슈 10건 이하 | |
| Ini: 배달 파트너 채용 공고 등록 | |
| Ini: 배달 파트너 평점 레벨업 시스템 구축 | |

| [2021년 4Q] 업계에서 가장 일하기 좋은 직장이 된다 | Corporate Functions 본부 |
| --- | --- |
| KR: 몰입도 진단 결과 4.6점 이상 | |
| KR: 연간 이직율 8% 이하 | |
| KR: 내부 추천 정규직 입사자 50명 이상 | |

| O: 업계를 선도할 팀을 구축한다 | People Operation팀 |
| --- | --- |
| KR: AI research lead, 이커머스 HRBP 채용 | |
| KR: 개발자 70명 추가 채용 | |
| KR: 내부 추천인 제도 신설 | |
| Ini: 채용 공고 업그레이드 및 플랫폼 업로드 | |
| Ini: 헤드헌터 1곳 추가 발굴 | |
| Ini: 개발자 블라인드 공채 프로젝트 | |
| Ini: 조직/사내 문화 홍보 포스팅 10건 이상 작성 | |
| Ini: 부서별 팀 홍보 영상 촬영(추가 채용 대상 5팀 이상) | |

| O: 구성원들이 합리적이라 느낄 수 있는 평가 보상 제도를 마련한다 | People Operation팀 |
| --- | --- |
| KR: 21년 적용될 평가 보상 제도 V2.0 경영진 통과 및 직원 공청회 개최 | |
| KR: 직원 만족도 조사 70점 이상 | |
| Ini: 평가 보상 제도 초안 작성 by 10/30 | |
| Ini: 핵심 인재 대상 평가 보상 제도 FGI by 11/20 | |
| Ini: 평가보상 제도 V2.0 경영진 보고 by 11/30 | |

| O: 직원들을 위한 체계적인 교육 관리를 제공한다 | People Development팀 |
| --- | --- |
| KR: 3분기 인당 직무 교육 시간 5시간 | |
| KR: 연간 리더십 교육 커리큘럼 개발 | |
| KR: 사내 HRD 플랫폼 UI 디자인 완성 | |
| Ini: 3분기 직무 스킬 교육 계획 수립 | |
| Ini: 리더십 핵심역량 정의 및 예시 정리 | |
| Ini: 리더십 교육 업체 3곳 RFP 발송 | |

| O: 신규 사업에 적용될 각종 표준계약서를 버전업한다 | Legal팀 |
| --- | --- |
| KR: 소싱 독점 계약, 배송파트너, 액티비티 표준 계약서 버전업 | |
| KR: 배송 파트너 관련 노무 이슈 10건 미만 | |
| Ini: 영업 담당자 대상 표준 계약서 설명 세미나 2회 이상 시행 | |
| Ini: "쉬운 약관" 형식의 "쉬운 계약서" 적용 가능한지 검토 | |
| Ini: 20년 배송 관련 근로기준법 업데이트 세미나 시행 | |

# 부록2.
# 부서별
# Key Result 지표 예시

3장에서 개발자들의 Key Result 예시를 보여드렸습니다. 여기서는 다른 부서들의 Key Result 예시를 모아봤습니다. Key Result 중에는 정성적이거나 Initiative와 경계가 모호한 경우도 있어 색상으로 구분해 뒀습니다.

| 정량 KR 지표 | 정성 KR 지표 (Initiative와 유사할 수 있음) |
|---|---|
| **브랜드 마케팅, 콘텐츠 마케팅** | **퍼포먼스 마케팅** |
| 브랜드 인지도, 브랜드 가치, 브랜드 순위 | 앱, 콘텐츠 다운로드 수 |
| 콘텐츠 조회 수 | DAU, WAU, MAU |
| SNS 구독, 좋아요 수 | Click-through Rate, Conversion Rate |
| 뉴스레터 구독자 수, CTR | ARPPU(Average Revenue Per Paying User) |
| 이벤트/컨퍼런스/커뮤니티 참석자 수 | CPC, CPL |
| 브랜드/광고대상 수상 실적 | 이탈률(attrition rate), 휴면율 |
| 후원 계약 체결, 컬래버레이션 진행 | 키워드 검색 노출 순위 |
| 리드 전환율 | 고객 확보 비용(acquisition cost) |
| 플래그십 매장 오픈 매출 | 고객 생애 가치(CLV) |
| | 무료 계정(trial account) 수 |
| **신규 마케팅 채널 오픈** | 쿠폰 활성화 비율 |
| 플래그십 매장 오픈 | 마케팅 퍼널 구축 |
| **영업** | **시장 개발/현장 교육** |
| 매출, 인당 매출, 성장률 | 직영/프랜차이즈 지점 수 |
| 시장 점유율 | 평당 평균 보증금/임대료 |
| 고객 수, 거래처 수 | A급 매장 비중, BEP 매장 비중 |
| 판매 예약 수, 판매 건수 | 철수 대상 매장 철수율 |
| 판매 전환율, 재구매율 | 매장당 점원/아르바이트 수 |
| 반복 판매 주기 | 점원 온보딩 교육 수 |
| 채널 마진, 평균 할인율 | 점원/아르바이트 인당 매출 |
| 신제품 매출 비중, 잠식률(cannibalization) | |
| 교차판매율 | |
| 제품별/거래처별 수요예측 정확도 | |
| 부실 채권 회수율, 증감률 | |
| **신규 영업 지사 설립** | |
| 영업 통화 스크립트 매뉴얼 작성 | 현장 직원 영업 매뉴얼 작성 |
| **생산/구매** | **물류** |
| 제조원가율 | 물류비용률, 단위 운송비 |
| 노무비율 | 물류 처리 속도 |
| 노동 생산성 | 보관 용량 |
| 설비 가동률, 설비 고장률 | 재고 자산 회전율 |
| 불량률, 클레임률 | 재고 정확도 |
| 환경 및 안전사고 건수 | 제품별/거래처별 수요 예측 정확도 |
| 구매원가 절감률 | 재고 손실, 운송 중 파손율 |
| 구매 리드타임 | 매출 원가 대비 재고 보관 비용 |
| 품목당 공급 업체 수 | 배송 건수 |
| 매입 채무 회전율, 매입 채무 회전일 수 | 당일 배송률, 정시 배송률 |
| | 오배송률 |
| **구매 프로세스, 비용 기준 수립** | 물류 체계 구축 |
| 신규 설비 도입 | 3PL, 4PL 업체 계약 |

| 상품 기획/MD | 프로덕트 |
|---|---|
| 매출 | DAU, WAU, MAU |
| 판매율, 소진율 | 체류 시간 (누적/세션당) |
| 할인율 | Stickiness (DAU/MAU or DAU/WAU) |
| 제조 원가, 소싱 원가 | Retention Rate |
| 구매처 발굴 건수 | Click-through Rate, Conversion Rate |
| 고객만족도, 평점 | 고객당 문의 수 감소 |
| 상품 클레임 건수 | 추천 가입 수(referral) |
| 프로모션 진행 수 | App Store, Play Store 고객 평점 |
| 신제품 수익률 | NPS(Net Promotion Score) |
| 평균 납기 지연일 수 | |
| 품질 손실 비용 | |

| 개발/서비스 운영 | R&D |
|---|---|
| Jira epic/story 포인트 | 인식률, 정확도, 추천상품 클릭률 |
| git commit 수 | 신제품 출시 건수 |
| Crash 건수, 이유를 찾을 수 없는 에러 건수 | 신제품 개발 리드타임 |
| API 응답 시간 | 신제품의 매출 기여도 |
| 테스트 커버리지 | 특허 출원 수 |
| 페이지 로드 속도 | 보고서, 논문, 학술지 발표 |
| 장애 복구 시간 | 핵심 인력 이직률 |
| App Store, Play Store 고객 평점 | |
| NPS(Net Promotion Score) | |
| 보안, 버전관리, 코드리뷰 정책 수립 | |

| Operation/CS |
|---|
| 고객 문의 후 평균 응답 시간 |
| Key Issue 해결률 |
| 원스톱 처리율 |
| 완료된 이슈 재오픈율 |
| 고객들의 CS 만족도 |
| 이탈률(churn rate) |
| 상급자 응대 전환율(escalation percentage) |
| CS 처리 건수 |
| NPS(Net Promotion Score) |
| CS 매뉴얼 작성 |

| 인사(HRM, 채용) | 인사(HRD, 조직문화) |
| --- | --- |
| 채용 비용, 채용 리드타임 | 몰입도/조직 문화 진단 점수 |
| 내부인 추천을 통한 채용자 수 | 교육생 수, 인당 교육 시간, 교육 이수율 |
| 내부 승진 비율 | 교육 만족도 |
| 인건비율 | 신규 강사/교육 업체 발굴 |
| 인당 생산성, 가동률 | 직원 온보딩 시간 |
| 퇴사율, 평균 근속 기간 | 과정 개발수 |
| 신규 입사자 유지율 | 인당 교육 비용 |
| 핵심 인재 유지율 | 사내강사 확보율 |
| 인당 복지 비용 | 미션, 핵심가치, Code of Conduct 정의 |
| 산재/성희롱 건수 | 표준 CDP(career development plan) 수립 |
| 새로운 채용, 평가, 승진, 보상 제도 수립 | 직무/계층별 교육 계획 수립 |

| 재무/IR | 회계/세무 |
| --- | --- |
| 영업이익, EBITDA, 당기순이익 | 결산 기일 준수 |
| ROA, ROE, ROI, ROIC | 외부 감사 비용 |
| 부채 비율 | 외부 감사 지적 건수 |
| Burn Rate, Runway | 감사보고서 수정 건수 |
| 채권회수일 | 세무 신고 누락/오류 건수 |
| 주당순이익(EPS) | 가산세 지출 증감률 |
| PER, PBR | 제 세금 절세율 |
| 매출채권회전율, 매출채권회전일 수 | |
| 자금 조달 규모, 금리 spread | |
| 증권사 추천 보고서 수 | |
| Series A/B/C 투자 유치 | 경비 기준 수립 |

| 홍보 | 법무 |
| --- | --- |
| 브랜드 인지도 | 소송 문서 제출 기간 준수율 |
| 보도자료 기사화율 | 의뢰 요청 시 회신 기한 준수율 |
| 호의적 기사 비율 | 회수 부실 채권 |
| 당사 홍보성 기사 건수 증감률 | 해외 지사 법인 설립 |
| 관리 중인 기자 수 | 수출국 관세법 risk 해결 |
| | 신규 개발 기술 특허권 등록 |
| | 상표권 소송 승소 |
| | A서비스 개인정보보호법 위반 여부 검토 |
| | 거래 유형별 표준 계약서 작성 |
| 홍보 이벤트 개최 | 거래처 부실 방지를 위한 채권 교육/건수 |

| 총무 |
| --- |
| 소모품/비품 구매예산 절감률 |
| 사옥/사택 관리 비용 |
| 고정 자산 손망실률 |
| 차량 사고 금액 |
| 공사 계획 대비 달성도 |
| 이사회, 주주총회 개최 |

# 성과 관리 협업 툴 '얼라인업' 소개

## ▎당신 회사의 OKR 관리가 잘 안되는 이유

이미 회사에서 OKR을 쓰고 있지만, 관리가 잘 안되어 고민하다 이 책을 접하신 분도 많을 겁니다. 그런데 여러분 회사에서는 OKR을 뭘로 관리하고 있나요? 규모가 꽤 큰 회사에서도 엑셀이나 구글 시트, 노션 등으로 관리하는 경우를 자주 보았습니다. Objective와 Key Result, 개념이 심플해 보이기 때문에 관리도 만만하게 보시는 거죠. OKR 관리 솔루션이 있다는 걸 몰라서 어쩔 수 없이 엑셀을 쓰시는 경우도 있습니다.

경험상 10명만 넘어가도 OKR 수기 관리가 버거워지는데, 솔직히 50명 100명 되는 조직이 솔루션 없이 OKR을 쓴다고 하면 제대로 관리하는 게 맞나 의구심이 듭니다. 그럼 엑셀로 OKR 관리하기가 왜 어려운지 (= 왜 OKR 전문 솔루션이 필요한지) 정리해 드립니다.

## 1. OKR 양식은 어떻게 생겼지?

'우리 회사의 OKR을 관리해야 한다', 미션이 떨어지면 담당자 입장에서 첫 번째 난관은 관리 양식을 어떻게 만들까입니다. 본인이 OKR 개념을 완전하게 파악하고 있으면 모를까, 그게 아니라면 다른 회사 OKR 양식 구하느라 바쁘겠죠. 저도 다양한 조직(대기업, 스타트업, 연구소 등)의 OKR 도입을 컨설팅하면서 온갖 종류의 엑셀 파일과 양식들을 본 것 같네요. 그중에 일부는 OKR의 원래 취지에 어느 정도 일치하는 것도 있었지만, 솔직히 중간중간 '이건 아닌 것 같은데' 싶은 것도 있었습니다.

단적인 예로, 양식 자체가 1년 내내 같은 OKR을 보면서 분기별로 목표치만 달라지게 세팅되어 있는 경우를 여러 조직에서 봤습니다. 연간 업무가 어느 정도 고정되어 있는 대기업이면 모를까, 빠르게 변화하는 스타트업이 이런 양식을 쓰는 건 무의미하다고 생각합니다.

## 2. 정렬 관계 시각화가 안된다.

이 책을 열심히 읽고 OKR 작성 양식을 만들었다고 합시다. 그 파일은 회사 안에서 어떻게 돌아다닐까요? 엑셀이나 ppt라면 수많은 버전이 사람들 노트북과 메일함에 떠돌고 있을 겁니다. 구글 드라이브나 노션 등으로 공유한다면 그나마 버전 문제는 사라지겠죠. 하지만 이게 정말 최신 숫자로 업데이트된 것이 맞는지, 팀마다 이번 주 수치와 지난주 수치가 다 섞여 있는 건 아닌지 관리하는 입장에서는 여전히 골치가 아플 겁니다.

게다가 이렇게 관리하는 회사는 보통 팀 하나당 파일 하나 or 시트 하나 or 페이지 하나 식으로 관리하는 경우가 많습니다. 즉, 여러 조직의 OKR이 서로 어떤 관계인지 정렬 관계가 보이지 않습니다.

파일마다, 시트마다 OKR을 다 따로 관리하면 우리 조직의 OKR이 다른 조직의 OKR과 어떤 관계에 있는지 구성원 입장에서 맥락을 이해하기 어렵습니다. 또한 리더 입장에서도 회사 각 조직이 한 방향을 바라보고 있는게 맞는지 잘 와닿지 않죠. 이렇게 관리해서는 제가 강조하는 (책 제목이기도 한) 'Why를 소통하는 도구'로서의 OKR이 아니라 개별 조직마다 달성률만 체크하는 OKR이 되기 십상입니다.

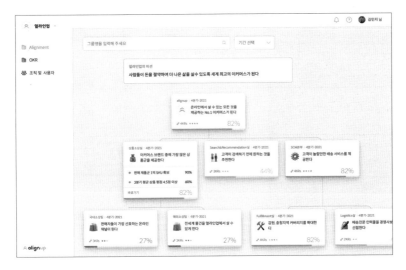

얼라인업 솔루션을 통한 OKR 정렬 시각화 예시

## 3. 소통이 안된다

　정렬 관계가 안보이는 것보다 더 큰 문제는 엑셀(구글 시트, ppt 등등)은 태생부터 관리 도구이지 소통 도구가 아니라는 점입니다. 목표 수치가 얼마고, 지금이 얼마라서 달성도가 몇 퍼센트인지는 기록할 수 있지만, OKR과 연관된 책임자들끼리 서로 질문을 하고, 의견을 남길 수 있는 공간은 아닙니다. 진척율이 아니라 협업을 강조하고 싶다면 목적에 맞는 도구로 OKR을 관리하셔야 합니다.

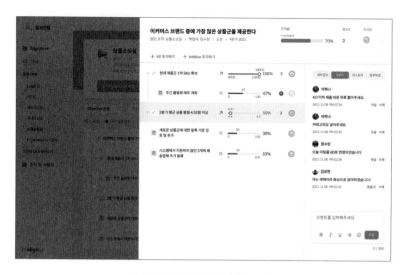

얼라인업 솔루션의 OKR 코멘트 기능

## 4. 편리한 데이터 조회, 다른 데이터와의 연계

OKR은 팀 간의 협업을 유도하기 때문에 자연스럽게 다른 조직 O 밑에 내 KR이 들어가는 것도 가능합니다. 그런데 팀마다 OKR을 다른 파일, 다른 시트에 관리하고 있다면 나는 내가 담당하는 OKR을 찾기 위해 여기 저기를 뒤져야 하겠죠. 그게 번거롭다보니 OKR을 아예 팀 단위로 단절해서 운영하게 되는 경우도 많습니다. 관리 상의 어려움 때문에 OKR의 장점 일부를 포기하는 셈입니다. OKR을 팀 단위로 보는 화면과 책임자 별로 모아서 보는 화면만 자유롭게 오갈 수 있어도 사용하기 훨씬 편하다는 걸 느낄 수 있습니다.

또한 OKR은 단순한 목표관리 도구가 아닙니다. CFR(Conversation, Feedback, Recognition)이라 부르는 사람관리와 함께 운영해야 진짜 힘을 발휘하죠. 그렇다면 1on1을 할 때도 상대방의 OKR이 같이 보이고, 나중에 피드백을 할 때에도 OKR을 보면서 하면 좋지 않을까요? 데이터 연계 또한 엑셀로는 불가능한 솔루션 만의 장점입니다.

## ▎조직 문화를 변화시키는 성과 관리 협업 툴 얼라인업

얼라인업은 조직 구성원 모두가 명료한 목표를 향해 함께 몰입하여 나아갈 수 있도록 돕는 솔루션입니다. OKR 관리와 1on1 대화, 칭찬을 통해 조직의 커뮤니케이션을 활성화하고 리더들의 리더십 개발을 자극합니다. 얼라인업으로 도전, 정렬, 자율, 집중의 조직 문화를 만들 수 있습니다.

## 성과

OKR을 통해 조직의 목표를 관리하고, 구성원들이 일의 의미를 발견하게 합니다

- 회사−각 조직 OKR 정렬
- 자신감 지표와 업무 진척도 관리
- 업무 협의 및 코멘트

## 인재

1on1 코칭 및 피드백, 칭찬을 통해 구성원의 성장을 돕고,
조직의 핵심가치를 강화합니다

- 정기적인 1:1대화 설정
- 7가지 주제별 질문지 사전 제공
- OKR과 연계된 360도 다면 피드백 기능

## 조직

진단을 통해 조직의 현 상황을 파악할 수 있으며,
조직도 및 인사 정보를 관리할 수 있습니다

- 조직 문화, 몰입도 진단
- 전사 조직도 및 인사 정보 관리

\*   일부 기능은 현재 서비스 준비 중이며, 순차적으로 추가됩니다.

- 홈페이지: https://alignup.io

- 도입 문의: info@alignup.io

# Why를 소통하는 도구, OKR

**초판 1쇄 발행** 2021년 10월 25일
**초판 7쇄 발행** 2023년 10월 12일

**지은이** 장영학
**펴낸이** 최익성
**편집** 전찬우
**마케팅** 임동건, 임주성
**마케팅 지원** 안보라
**경영지원** 이순미, 임정혁
**펴낸곳** 플랜비디자인
**디자인** 강수진

**출판등록** 제2016-000001호
**주소** 경기 화성시 동탄첨단산업1로 27 동탄IX타워 A동 3210호
**전화** 031-8050-0508
**팩스** 02-2179-8994
**이메일** planbdesigncompany@gmail.com

ISBN 979-11-6832-000-0 03320